G. VATTIER

UNE

FAMILLE D'ARTISTES

LES DUMONT

1660-1884

PARIS

LIBRAIRIE CH. DELAGRAVE

15, RUE SOUFFLOT, 15

—

1890

UNE FAMILLE D'ARTISTES

LES DUMONT

SOCIÉTÉ ANONYME D'IMPRIMERIE DE VILLEFRANCHE-DE-ROUERGUE
Jules BARDOUX, Directeur.

G. VATTIER

UNE

FAMILLE D'ARTISTES

LES DUMONT

1660-1884

PARIS

LIBRAIRIE CH. DELAGRAVE

15, RUE SOUFFLOT, 15

—

1890

AVERTISSEMENT

En 1885 j'ai publié un livre intitulé : Augustin Dumont, notes sur sa famille, sa vie et ses ouvrages [1]. *Ce volume, que l'Académie française distingua* [2], *était presque exclusivement réservé aux amis, aux confrères, aux élèves du statuaire qui a tenu un rang supérieur parmi les artistes modernes. Un motif impérieux, en m'interdisant les longs développements, m'avait contraint d'esquisser d'une main rapide les Dumont du dix-septième et du dix-huitième siècle, si dignes, par le talent comme par le caractère, d'une étude plus approfondie. Je reprends aujourd'hui, pour le*

1. Paris, Oudin, in-8°.
2. Rapport de M. le secrétaire perpétuel lu dans la séance publique annuelle du 25 novembre 1886.

compléter, mon travail primitif, et, grâce aux documents accumulés dans des archives pieusement conservées, j'ai pu mener à fin la tâche de replacer sous son jour et dans son cadre une famille d'artistes qui a duré plus de deux cents ans.

ORIGINE DES DUMONT

C'est dans le domaine de l'art que les physiolo-
gistes peuvent relever, à l'appui de leur théorie un
peu hypothétique de l'hérédité, le plus grand
nombre de phénomènes. Les lettres ne présentent
que de rares exemples — notre temps toutefois en
fournit un considérable — de descendants qui aient
accru ou tout au moins soutenu le renom de leur
père. Les beaux-arts, au contraire, comptent, et
sans sortir de France, plusieurs familles où le talent
s'est transmis avec le sang. Dans la liste des peintres figurent les Coypel, les Boulogne, les Van Loo,
les Vernet. La sculpture nous offre les Anguier,
doués par un père qui lui-même n'avait pas reçu
le don, les Coustou apparentés à Coysevox, les
Slodtz, les Ramey, les Duret, et particulièrement les
Dumont. Deux siècles durant, une immuable voca-

1

tion apparaît chez ces derniers à chaque degré ; coureurs dans la même carrière, les pères passent aux fils le flambeau sacré. Augustin Dumont, mort au commencement de l'année 1884, après une longue et glorieuse existence, fut en ligne directe, pour s'en tenir à une filiation certaine, le cinquième et le dernier membre de cette génération d'artistes qui cultivèrent le dessin sous la forme la plus sévère et la plus élevée [1].

Les Dumont sont originaires de la Flandre, cette pépinière de peintres et surtout de sculpteurs. La ville de Valenciennes seule, sans remonter à André Beauneveu, à partir du dix-septième siècle, a donné le jour à plus de vingt sculpteurs, au nombre desquels : Pater, Saly, Milhomme, Duret père, Lemaire, Carpeaux, Hiolle, MM. Crauk et Fagel. Le premier Dumont dont le nom soit cité est un Jean du Mont

---

1. Le *Dictionnaire général des artistes*, de Bellier de la Chavignerie, commet une erreur en rattachant à cette famille un autre sculpteur, Philippe Dumont, né à Valenciennes en 1745, mort à Paris en 1821, et dont le musée de sa ville natale conserve quelques ouvrages.

Si les Dumont statuaires ont entièrement disparu, le nom n'est pas éteint ; il est porté actuellement par la descendance du plus jeune fils d'Edme Dumont.

ou Mont, élève de Jean de Bologne, que les Italiens revendiquent comme un des leurs, quoique Flamand et déjà formé avant de traverser les Alpes et de connaître Michel-Ange.

Ce Jean du Mont, fixé à Rome en 1575, avait acquis assez de réputation pour que son illustre maître le désignât au choix de l'empereur Maximilien II, désireux d'attirer à sa cour un sculpteur habile. Des mécontentements l'obligèrent à quitter Vienne, nous apprend l'abbé de Fontenay, « et l'on a su longtemps après qu'il était à Constantinople et s'était fait mahométan ». Qu'un homme de guerre comme Bonneval soit touché par la grâce turque et coiffe le turban, cela s'explique ; mais qu'allait faire dans cette galère un tailleur d'images ? Pierre Dumont, le premier de la race sur lequel nous possédions des documents authentiques, eut-il pour aïeul ce personnage original ? Il est permis de poser la question, non de la résoudre.

I

PIERRE DUMONT

1660-1737

Ce chef de la dynastie, qui mourut le 29 janvier 1737 à l'âge de soixante-dix-sept ans, sur la
paroisse de Saint-Waast, serait né en 1660, comme
le constate son acte d'inhumation, et vraisemblable-
ment dans la ville de Valenciennes, où il était venu
terminer sa vie nomade. Mais il n'existe pas de pièce
qui fournisse le moyen d'établir avec certitude la
date de sa naissance. Les archives de Valenciennes
renferment deux actes de baptême au nom de
Pierre Dumont, l'un de 1657, l'autre de 1670 ; aucun
de ces documents par conséquent ne concorde, pour
l'âge, avec l'acte de décès : car d'après le second
Pierre n'aurait eu que soixante-sept ans en 1737,

et à s'en rapporter au premier il serait décédé à quatre-vingts ans[1].

Membre de l'Académie de Saint-Luc, sculpteur de la chapelle du roi, sculpteur du duc d'Orléans, qui l'occupa pour embellir son parc de Monceau, sculpteur ordinaire du duc de Lorraine, il exerça sa profession un peu partout. Nous trouvons ses traces à Paris en 1687, à Rennes en 1697, à Compiègne en 1713, à Nancy en 1719. Dans cette dernière ville, il eut part aux travaux du château construit par Léopold et que le roi Stanislas remplaça par l'édifice actuel. De plus, l'ornementation de huit chapiteaux de la cathédrale lui est attribuée. Ne pourrait-on encore lui faire honneur du bas-relief d'un travail délicat (*Pilate se lavant les mains*) qui décore, dans la chapelle du palais de Versailles, l'archivolte de la deuxième arcade de la nef à droite, et qu'André Félibien dit être de du Mont, sans ajouter le prénom? La qualité de sculpteur ordinaire du roi qu'il prend au contrat de mariage de

1. Dans ma précédente étude j'avais, sur la foi d'un chercheur trop facilement satisfait, considéré l'acte de 1670 comme relatif à Pierre Dumont, en acceptant la supposition inadmissible qu'il eût été baptisé dix ans après sa naissance.

son fils, et celle de sculpteur de la chapelle du roi
qui lui est donnée dans l'acte de son décès, ren-
dent cette supposition presque admissible. S'il faut
renoncer à porter un jugement sur la valeur d'un
artiste dont les œuvres ne sont pas venues jusqu'à
nous, il est néanmoins loisible d'avancer que le
maître qui a fait l'éducation du fils destiné à le
repousser dans l'oubli, ne manquait ni de goût ni
de mérite.

II

FRANÇOIS DUMONT

1687-1726

Celui-ci naquit à Paris, comme tous les Dumont qui suivirent, en 1688 selon d'Argenville, mais plus probablement en 1687. Il remporta le grand prix de sculpture (*David pardonnant à Abigaïl*) dans l'année 1709, mais ne partit pas pour Rome, soit que la place fît défaut au palais Capranica, où logeaient alors les pensionnaires du roi, soit qu'il eût trouvé tout d'abord à occuper son ciseau. Trois ans plus tard, le 24 septembre 1712, il était reçu membre de l'Académie royale de peinture et de sculpture sur sa figure en marbre du *Titan foudroyé,* composition hardie, largement et chaudement exécutée. La même année il entra, par son mariage, dans une famille qui marque honorablement dans l'histoire de l'art français et dont le chef, Noël Coypel, était mort depuis deux ans. Noël Coypel avait joui, dans le cours de sa longue existence, de la haute estime qui était due à son talent et à ses qualités privées ; il avait été directeur de l'École de Rome, le second de la fondation, et, après le décès de Mignard, directeur de l'Académie de peinture et de sculpture. Artiste de goût sévère, d'esprit réfléchi, en lui, a dit justement M. Charles Blanc, « reparut un instant, sans doute affaibli et affadi, l'esprit gaulois du Poussin ». Ce fut le 21 novembre que François Dumont, « âgé de vingt-cinq ans passés », épousa Anne-Françoise [1], fille du deuxième mariage de Noël Coypel avec Anne-Françoise Perrin, cousine germaine de Louis Boulogne, « en présence d'Antoine Coypel, peintre du Roy, garde des tableaux et dessins de Sa Majesté, premier peintre de Monseigneur le duc d'Orléans... » L'acte fut signé, du côté du mari, par le duc d'Antin, directeur général des bâti-

---

1. Dans la collection laissée par A. Dumont, on remarque un portrait d'elle, attribué à Toqué. Ce portrait, quel qu'en soit l'auteur, est un des plus beaux qu'ait produits l'école du dix-huitième siècle. Anne Coypel est représentée à mi-corps, une palette à la main.

ments, jardins, arts et manufacture royale, Robert de Cotte, premier architecte du roi, Antoine Coysevox et Corneille Van Clève, sculpteurs du roi, etc. ; auprès de sa femme paraissent, outre les Coypel et les Boulogne, Hérault et Silvestre, peintres du roi, la dame de Fontaine, épouse de M. Biancolelli, brigadier des ingénieurs, bru du célèbre arlequin Dominique, etc.

Couple idyllique ! Par lui la Régence eut, comme en un âge d'or, ses Philémon et Baucis :

Ni le temps ni l'hymen n'éteignirent leur flamme.

Leur correspondance offre un touchant témoignage des sentiments qu'ils ne cessèrent d'éprouver l'un pour l'autre. Au mois de septembre 1713, François travaillait au château de Saint-Pierre près Pierrefonds, et il se rappelait ainsi au souvenir de sa femme : « Tu dois être persuadée que je n'ai point de plus grand plaisir que celui de recevoir de tes chères nouvelles et que cela adoucit un peu le chagrin que ton absence me cause ; nos cœurs sont trop égaux pour que je ne ressente pas les mêmes mouvements... Je suis et serai à jamais, avec la passion la plus tendre et la plus sincère, ton fidèle mari. »

— « Tu peux être persuadé, répondait Anne, que si
tu es charmé que ton sort soit uni au mien, je suis
dans un contentement inexprimable de mon côté
de l'être à un mari aussi tendre et aussi délicat que
tu es. Adieu, mon cher amour, je t'embrasse un
million de fois, et sois persuadé que chaque instant
de ma vie augmente l'amour de celle qui sera toute
sa vie avec affection ta fidèle femme. » Je prends
un autre de ces feuillets jaunis sous un si grand
amas d'années : la note ne change pas, et nous la
retrouverons, bien plus tard, aussi expansive chez
le mari. « Je ne saurais t'exprimer, mon cher amour,
le plaisir que j'ai en recevant de tes chères nouvelles... Je trouve qu'il n'y a pas, en aimant, de supplice plus rude que celui de l'absence... Mon cher
cœur, divertis-toi un peu et ne t'inquiète de rien.
C'est la grâce que te demande celle qui met toute
sa gloire et sa satisfaction de se dire toute sa vie
avec une tendre affection la femme la plus fidèle
du mari le plus aimable du monde. » A ce moment
(mai 1714) François était en Beauvoisis au château
de Fitz-James, récemment érigé en duché-pairie
en faveur du vainqueur d'Almanza.

Beaucoup des travaux de Dumont ont disparu. Il avait exécuté : à l'hôtel de Clermont (à l'angle des rues de Varenne et Barbet-de-Jouy) le couronnement de la porte d'entrée ; à l'hôtel d'Évreux (palais de l'Élysée), sur la principale façade de la cour d'honneur, un fronton composé des armoiries du comte avec des griffons servant de support et divers attributs de guerre et, en outre, sur le fronton placé au-dessus de la porte des écuries, trois têtes de chevaux ; dans l'église Saint-Jean en Grève, la suspension du maître-autel. Robert de Cotte, qui ne ménageait ni le marbre ni le bronze, se servit de lui à l'hôtel de Toulouse (devenu la Banque de France), dont les salles étaient autrefois ornées de figures, de groupes et surtout de bas-reliefs. Le duc d'Antin, cet homme d'esprit et de goût qui fut pour ses contemporains et qui est resté pour la postérité le type accompli du courtisan, l'employa presque exclusivement à décorer le château où le grand roi avait daigné recevoir l'hospitalité. Dumont fit pour les appartements et le parc de Petit-Bourg un grand nombre d'ouvrages, une Vénus entre autres dont le socle portait pour inscription cette épigramme de

Martial inscrite de la main du duc, qui avait étudié les humanités chez les jésuites :

Artis Phidiacæ toreuma clarum,
Pisces aspicis : adde aquam, natabunt[1].

Il y a quelques années, on voyait encore, près de la station d'Évry, sur le bord de la voie ferrée, une statue mutilée d'*Atlas* portant une sphère sur ses épaules. Cet *Atlas,* dont la facture indiquait manifestement la date, était-il un débris de l'œuvre de François Dumont? Enfin, dans le courant de 1722 il fit, en société d'un sieur Thibault, d'importants travaux pour M. le duc dans son château de Chantilly.

Au mois de novembre 1719, M. Bonnier, baron de la Mosson, trésorier général des états de Languedoc, lui commanda un mausolée pour perpétuer

---

1. Le renseignement est de M. Arsène Houssaye, dans un article de l'*Artiste* (1860) sur les *Sculpteurs du dix-huitième siècle : Clodion, les Dumont, Lemoine, Slodtz*. Je le donne avec réserve, l'auteur ne faisant pas connaître la source où il a puisé. Cette source a été quelquefois sa riche imagination. Ainsi je relève dans le même article ce passage d'une singulière fantaisie : « François Du Mont eut un fils, Edme Du Mont, qu'il envoya à l'atelier de Bouchardon, ce qui fit dire au célèbre sculpteur : « Si j'avais un fils, je l'en- « verrais chez François Du Mont. » Or, lorsque Bouchardon, après avoir obtenu le grand prix en 1723, partit pour Rome, d'où il ne revint qu'en 1739, le jeune Edme avait trois ans.

la mémoire de deux filles qu'il venait de perdre en
bas âge et à peu de distance l'une de l'autre ; la
troisième fille fut cette duchesse de Chaulnes qui,
devenue veuve en 1773, scandalisa la cour et la ville
en se remariant avec un simple maître de requêtes,
M. de Giac. Le monument, qui devait se composer
de deux lions de plomb doré où s'appuyaient le tombeau et les deux figures, et pour lequel Dumont
avait fait un marché de dix mille francs, était
destiné à une chapelle des récollets de Montpellier.
Fut-il exécuté en marbre ? Il est inconnu à Montpellier. D'Argenville, qui avait vu tout au moins le
modèle terminé dans le courant de décembre 1719,
dit que l'artiste avait ingénieusement représenté
une des enfants sortant du tombeau et semblant
inviter sa sœur à la suivre. « Il mettait de l'âme
et de l'esprit dans son ouvrage, » a écrit Mariette.

François avait pris tout à fait rang en 1721, et,
sur sa réputation, le duc de Lorraine l'appela auprès
de lui avec le titre de son premier sculpteur, « et
pour, en cette qualité, conduire les ouvrages de ses
autres sculpteurs, corriger leurs modèles et les diriger dans leur travail, et en particulier travailler lui-

même aux ouvrages qui seront ordonnés ». Peut-
être plus qu'à son talent devait-il l'honneur qui lui
était décerné à l'amitié du sieur Liencourt, maître
d'armes des princes de Lorraine. François était un
bon élève de ce Liencourt; il excellait d'ailleurs
dans plus d'un art, l'escrime, la musique, la danse.

Léopold était un prince d'un esprit vif, humain et
généreux jusqu'à la prodigalité. D'une irrésistible
séduction, il se montrait aussi gracieux avec les
petits qu'avec les grands. Le sang d'Anjou qui cou-
lait dans ses veines avait adouci l'humeur remuante
et batailleuse de sa maison. Rentré en possession
de ses États à la suite de la paix de Ryswick, il
avait établi en Lorraine une administration à la fois
paternelle et brillante. Il aimait les belles-lettres et
les arts et il avait fondé une Académie de peinture
et de sculpture. La cour de Lunéville ressemblait à
celle de Versailles par le goût et la magnificence,
avec une étiquette moins rigoureuse et moins compli-
quée. Pour se rapprocher encore plus de Louis XIV
et trancher, lui aussi, du Jupiter, il avait sa Mon-
tespan dans la personne de la belle marquise de
Craon. Sa femme, Élisabeth-Charlotte d'Orléans,

s'appliquait à ne pas s'apercevoir trop ouvertement
d'une liaison à peu près publique. « Elle n'était pas
jolie, a dit la princesse palatine, qui ne flattait pas les
siens, mais singulièrement bonne, douce et affable. »
Dumont trouva naturellement le meilleur accueil
chez cet aimable couple souverain. « J'ai eu l'honneur d'être reçu favorablement par Leurs Altesses
royales et je pars aujourd'hui ou demain pour Lunéville, par ordre de Son Altesse royale, pour y travailler. J'ai trouvé ici mon bon ami M. Liencourt,
avec qui je suis presque toujours, car il m'a engagé de
manger chez lui en attendant que j'aie un logement,
et l'on m'a donné un appartement où je suis logé à
présent aux dépens de Son Altesse royale. Son intention est de me loger à Nancy et à Lunéville. (Nancy,
28 avril 1721). » Dans la lettre suivante, datée de
Lunéville, 10 mai 1721, il entre dans plus de détails :
« Je crois t'avoir mandé dans ma dernière que je
suis arrivé à Nancy la veille de la Quasimodo et
que M. de Bofrand[1], qui te fait ses compliments,

---

1. Le célèbre architecte chargé de reconstruire ou de restaurer
le château de Lunéville et le palais de Nancy. Voltaire l'a men-
tionné, ainsi que Charles Coypel, dans sa lettre à Cideville sur le

m'a présenté à Son Altesse royale, qui m'a fait un accueil très favorable, me faisant l'honneur de me dire qu'il était charmé de me voir en ce pays-ci, que Son Altesse royale Madame m'avait chargé de quelques ouvrages pour elle. J'ai eu l'honneur de voir Messeigneurs les princes et princesses, qui sont tous très beaux et bien faits. M. le marquis de Craon, qui est grand maître et premier écuyer de Son Altesse royale, que j'ai eu l'honneur de saluer, m'a fait toutes les honnêtetés possibles et m'a promis sa protection, aussi bien que plusieurs seigneurs de la cour. J'ai resté onze jours à Nancy, et pendant ce temps j'ai vu une fête pour la majorité de Monseigneur l'aîné (le futur empereur d'Allemagne, l'époux de Marie-Thérèse), où toutes les cours de Lorraine et du Barrois se sont rendues pour lui faire leurs compliments. J'ai fait quelques visites et j'ai dessiné quelques figures pour résoudre les grandeurs; il en faut six, entre les autres, de huit pieds de proportion. J'ai toujours mangé chez M. Liencourt ou chez M. Clairet, contrôleur des bâtiments de Son Altesse royale, avec

Temple du Goût. Il mourut en 1754, doyen de l'Académie d'architecture.

qui je suis parti en chaise de poste pour Lunéville.
Il te fait bien ses compliments aussi bien que madame son épouse, et n'ont point manqué, chaque
fois que j'ai mangé chez eux, de boire à ta santé.
J'ai eu l'honneur de saluer Son Altesse royale,
étant parti par son ordre qui m'a donné, pour le
premier jour de mai, une maison où j'ai mon atelier avec un cabinet dedans, un magasin derrière
une cour, une cuisine, une salle et deux chambres
avec un cabinet, un grand grenier et deux caves.
L'on m'a aussi accordé, par une bien grande distinction, des meubles, rapport que l'on n'en donne
à personne, pas même aux officiers de la cour. J'ai
fait mettre dans l'atelier cinq blocs de pierre pour
faire des figures ; j'ai commencé trois têtes aux arcades du château et le modèle d'un grand morceau
que je ferai sur une des ailes, composé de deux esclaves et de plusieurs trophées d'armes ; je fais à
présent le modèle en grand de plâtre d'un autel.
L'on doit incessamment m'expédier mon brevet de
sculpteur de Son Altesse royale : car le secrétaire
d'État, avec qui j'ai soupé ces jours passés, m'a demandé mes nom et qualités. Tous les sculpteurs sont

venus me rendre leurs hommages, me demandant ma protection, ce que je leur ai promis, à condition qu'ils feront de leur mieux, car j'ai un absolu pouvoir sur eux. J'ai vu ici mon père, qui est venu par ordre de M. de Bofrand pour changer quelque chose à ses ouvrages dont je n'ai pas voulu me mêler... La cour est très belle; Leurs Altesses sont très souvent ici, c'est-à-dire qu'elles restent depuis avril jusqu'au mois de novembre. Adieu, ma chère femme, fais-toi la même raison que moi pour supporter l'absence, qui devient rude quand on ne s'en sert point. Il viendra un moment où j'aurai le plaisir de t'assurer de bouche comme je fais par écrit que je suis de tout mon cœur ton fidèle mari. »

Comme on vient de le voir, le père et le fils se retrouvèrent en Lorraine; ils s'étaient déjà rencontrés à Compiègne dans le cours de leurs campagnes artistiques. Il résulte de la correspondance mise à ma disposition que les rapports entre eux étaient froids et contraints. Pierre n'avait-il pas dans le caractère autant d'aménité que François, et supportait-il avec dépit la supériorité de son fils dans toute la hiérarchie, talent et position?

Je continue à suivre, avec sa correspondance, Dumont en Lorraine. Il y a dans ces vieux papiers, qui
recomposent un passé enseveli sous tant de ruines
et nous livrent nos ancêtres dans le train ordinaire
de leur vie, un charme doux et pénétrant dont certains esprits ne peuvent se défendre, ceux qui, sans
être moins curieux du présent, se plaisent aux retours
en arrière. « J'ai présenté l'esquisse dont je t'ai
mandé dans ma dernière lettre. Son Altesse royale
l'a regardée à plusieurs reprises et m'a fait l'honneur
de me dire qu'il en était très content ; il m'a même
demandé combien j'avais été à composer le morceau ; et quand j'ai dit quatre jours, il m'a répondu
que c'était bien travailler en peu de temps. J'ai eu
aussi de grands compliments de toute la cour. En
particulier j'ai demandé aussi à Son Altesse royale
la permission de choisir un modèle dans ses gardes,
ce qu'il m'a accordé avec la manière la plus gracieuse
du monde. J'ai l'honneur de lui parler très souvent ;
il vient me voir travailler, et je ne manque guère de
me trouver à son lever et à la toilette de Madame
Royale les fêtes et dimanches. J'ai dessiné cette
semaine les esclaves de la grandeur qu'ils doivent

être ; le tout aura douze pieds de hauteur sur dix-
sept à dix-huit pieds de longueur. Je continue toujours le modèle de l'autel, qui sera fait au commencement de la semaine prochaine. (Lunéville, 24 mai.)»
C'est avec la plus grande activité qu'il remplissait
ses fonctions de premier sculpteur. « J'ai fait voir
depuis ma dernière deux modèles de terre d'un
Mercure et d'une *Vénus* dont Son Altesse royale m'a
très fort gracieusé ; j'ai resté plus d'une heure au lever à rendre compte à Son Altesse royale de plusieurs
choses au sujet des ouvrages. Il m'a ordonné de faire
deux esquisses de groupes pour mettre sur des pié-
destaux, et je lui ai demandé les sujets qu'il souhai-
tait, dont il me donna le choix ; j'ai proposé un *Hercule.* et une *Minerve,* qu'il approuva, et je les fais
présentement. J'ai présenté à Son Altesse royale
Madame le *Mercure* et la *Vénus,* et j'en ai reçu tous
les compliments possibles. Je restai à sa toilette très
longtemps, où elle ne cessa pas de me louer en
termes très forts, me fit même la grâce de me dire
que Son Altesse Royale était très contente de moi.
Tu peux juger que cela me fait regarder de bon œil.
(Lunéville, 22 juillet.) » Il ajoute dans la même lettre

qu'il espère avoir terminé avant la fin du mois dix-
huit ou dix-neuf têtes en grès. « Je passe mes semaines à travailler ; les fêtes et dimanches je fais ma
cour et vais, quand on m'a plusieurs fois prié, dîner
et souper chez quelques amis, où nous buvons à ta
santé. (*Nous avons encore connu — j'entends ceux qui
sont nés avant 1830 — cet aimable usage, ce souvenir
donné aux absents.*) Je ne manque pas aussi ces jours-là
d'aller à la comédie, qui est assez bonne et où je suis
très bien placé, étant avec les seigneurs de la cour,
qui me font tous la grâce de m'estimer, vivant fort
gracieusement avec eux. Je n'ai pas fait grand'chose
cette semaine. Mardi je me remettrai à travailler :
car lundi la cour sera en gala pour la fête du roi, et
je finirai quatre dessus de porte qui sont presque
faits ; ils sont composés des armes de Son Altesse
royale dans un bouclier, d'un côté un enfant et de
l'autre un aigle, le tout accompagné de trophées
d'armes. Il m'a fallu les faire très vite, l'ayant promis à Son Altesse royale pour le jour du mariage
(*le mariage du chevalier de Lorraine, depuis prince
de Lixin, qui avait eu lieu le mardi précédent*) : car ils
sont dans la salle où l'on a mangé et dansé. (Luné-

ville, 23 août.) » Honoré, fêté, complimenté, Dumont, s'il n'eût été artiste, aurait pu s'écrier comme
Petit-Jean :

Mais sans argent l'honneur n'est qu'une maladie.

« Je n'ai encore reçu, écrit-il le 27 septembre, que
mille livres depuis que je suis ici, quoique j'aie un
ordre pour en toucher autant, sans compter ma
pension (*ses appointements de premier sculpteur,
qui étaient de douze cents livres*), dont je n'ai encore
rien reçu. » Et puis l'absence commençait à lui
peser, son cœur soupirait après Paris. Il se hâtait
pour être libre en novembre. « Je ne te ferai point
encore de détail par écrit, voulant me réserver à
te le faire de bouche. Tout ce que je puis te dire,
c'est que j'ai fini mes ouvrages de dehors (*entre
autres le fronton dont il est question dans la lettre
du 10 mai*) pour cette année, et que je suis dans
mon atelier à faire quelques groupes de chérubins
pour la chapelle et quelques modèles pour les
sculpteurs, ce que je crois avoir fait pour le temps
que je t'ai marqué. L'agrément que je t'ai mandé
à mon sujet continue de plus en plus, et Leurs

Altesses royales me font l'honneur de m'applaudir et d'avoir confiance en tout ce que je fais, et ceci par la bonté qu'ils ont de le dire, présent et absent. (28 octobre.) » Sa dernière lettre est du 9 décembre. « J'ai demandé avant-hier à Son Altesse royale mon audience de congé pour Paris, qu'il m'a accordé avec sa bonté ordinaire en me disant que cela était trop juste, et j'ai eu depuis une audience particulière dans laquelle je lui ai rendu un compte exact des ouvrages dans la situation. J'ai même représenté à Son Altesse royale de me faire délivrer ce qui m'est dû, ce qu'il m'a promis de me faire aussitôt, ayant même signé mon mémoire. Ainsi, si mes affaires sont finies, je compte partir le 22 ou le 26. » Il se retrouva au milieu des siens aux environs de l'Épiphanie et ne retourna pas à la cour de Léopold, renonçant sans regret aux minces avantages de son brevet. Que lui avaient rapporté les huit mois qu'il avait passés en Lorraine ? Beaucoup d'égards, peu d'argent, nul profit pour sa gloire.

La fortune, après laquelle il avait couru au loin, l'attendait à Paris sous la forme d'une importante

commande, les quatre statues de *saint Pierre,*
saint Paul, saint Jean, et *saint Joseph.* Pendant
qu'il les exécutait en pierre, ses confrères l'élu-
rent adjoint à professeur dans la séance du
29 mai 1723. Les quatre apôtres furent mis, en
1725, dans les niches des portails latéraux de
l'église Saint-Sulpice, et, selon l'expression d'un
temps qui n'enflait pas l'éloge, « elles lui firent
honneur ». Ce sont en effet de remarquables productions de la sculpture du siècle dernier; elles en
ont les qualités comme les défauts. A cette époque
l'art grec ne semblait pas assez vivant; on avait
un désir immodéré de force, de puissance ; on
s'épuisait à rendre le mouvement, la vie, par l'exu-
bérance des formes et la violence des attitudes. Des
maîtres qui personnifient les époques distinctives
de la sculpture nationale, Michel Colomb, grand et
simple, Jean Goujon, élégant et fin, P. Puget, énergique et passionné, c'est au dernier que se ratta-
chent les artistes du dix-huitième siècle, en exagé-
rant leur modèle, si bien que visant au grandiose
ils atteignent le théâtral. Les magistrales figures de
Dumont eurent la bonne fortune d'être soustraites

par Lenoir à la rage des iconoclastes révolutionnaires. Henri Swinburne, qui, pendant l'hiver de
1796 à 1797, accompagna à Paris lord Malmes-
bury, chargé d'une mission diplomatique, put les
admirer dans le jardin des petits augustins, à hauteur de l'œil; elles reprirent, sous la Restauration
la place où on les voit aujourd'hui[1]. Le maître avait
encore sculpté, aux extrémités du fronton surmon-
tant la porte de la rue Saint-Sulpice, des groupes
d'enfants qui en 1873 tombaient en ruine et que
l'architecte de l'église dut enlever après les avoir
fait mouler.

Le comte de Melun, fils du prince d'Épinoy, le
héros que Mme de Genlis a mis en scène dans son
agréable roman de *Mademoiselle de Clermont,* venait
de périr, frappé par un cerf en chassant à Fontaine-
bleau. Sa mère, Élisabeth de Lorraine-Lillebonne,
désirant lui faire ériger un monument dans l'église

1. Les modèles en terre cuite du *saint Jean* et du *saint Joseph,*
retrouvés chez un marchand de bric-à-brac par Augustin Dumont,
ont été offerts par sa veuve au musée Carnavalet. Quoique d'Argenville nous apprenne que François avait l'habitude d'anéantir ses
modèles, ceux des deux autres apôtres se trouvaient également
dans son atelier lors de l'ouverture de sa succession.

des dominicains de Lille, se souvint peut-être du
sculpteur qu'elle avait vu à la cour de Lunéville et
lui confia la tâche de rendre un dernier hommage
au fils adoré (1724). Lorsque son travail fut achevé,
Dumont partit pour en surveiller la mise en place.
Il arriva à Lille au mois d'octobre 1726 et des-
cendit à l'hôtel du baron de Worden, un de ses plus
zélés protecteurs, celui-là même qui avait signé le
marché (vingt-cinq mille livres) au nom de la princesse d'Épinoy. La Flandre lui fit le même accueil
que la Lorraine. « Chaque jour est marqué par de
nouvelles amitiés; tous les gens de sa maison (*la
maison de M. de Worden*) sont très affectionnés à
me rendre service; ainsi je n'ai pas le temps de souhaiter, étant toujours prévenu. Nous dinâmes hier
avec dix personnes que M. le baron de Worden
avait invitées, dans lesquelles était M. le comte
d'Avelin, grand bailli, avec qui j'ai eu l'honneur de
manger plusieurs fois et de qui je reçois toutes les
politesses possibles, ainsi que de M. le comte de
Seclin, son fils, lesquels n'ont pas manqué un jour
de la semaine d'envoyer savoir des nouvelles de ma
santé (*il avait souffert d'un gros rhume*); il m'a

engagé d'aller dîner chez lui mercredi; c'est une
personne d'un aimable caractère et qui aime fort
les arts. M. d'Atis[1], receveur général des domaines,
est venu aujourd'hui me prier pour la seconde fois
d'aller dîner demain chez lui... Notre inscription
est posée de jeudi, et depuis ce temps le couronnement du tombeau et le piédouche, demain la pyramide le sera : ainsi voilà toute l'architecture en
place; elle fait un grand effet, aussi m'en fait-on
force compliments; mais ce sera bien pire quand on
verra le tout ensemble. Je vais me mettre aux ri-
deaux et de suite aux autres morceaux; mes figures
seront les dernières à poser; elles ont très changé
par l'étude et le travail des draperies, qui sont à
présent caractérisées comme je le souhaitais. Je
vais faire toute la diligence possible, car si je vou-
lais répondre à toutes les honnêtetés et les enga-
gements qu'on me propose, je pourrais rester encore
six mois ici; il n'y a pas jusqu'aux dominicains avec
qui il faut vider la bouteille. (24 octobre 1726.) »

1. Un autre amateur des arts, qui possédait trois portraits de
Largillière et qui ne manquait jamais de proposer à Dumont,
quand il le recevait à sa table, de boire à la santé du grand
peintre.

Un fragment encore pour souligner d'un nouveau
trait la considération avec laquelle le siècle qui
a précédé le nôtre traitait les artistes. « On ne
peut avoir plus d'agrément par les amitiés et les
prévenances continuelles qu'il (*le baron de Worden*)
a la bonté de me faire. Ces attentions vont jusqu'à
venir voir si j'ai ce qu'il me faut; et quand il va
souper chez M. le duc de Boufflers, gouverneur
de ce pays, il vient m'en faire ses excuses. Tous
ses domestiques sont empressés à me rendre leurs
services. Ainsi tu vois, ma chère femme, que je
suis parfaitement bien. M. le baron donna, samedi
dernier, à dîner à six des principaux de la ville
à qui il me présenta, et principalement à M. le
comte de Lisle, lieutenant général des armées du
roi et commandant de la place, qui me fit mille
amitiés, me disant que mon nom lui était très connu.
Il m'a fait l'honneur de me prier de venir dîner
chez lui et qu'il me ferait voir toutes les fortifications.
(14 novembre 1726.) » Voici la dernière lettre de
Dumont, où ces époux accomplis se montrent, après
quatorze ans d'union, aussi épris qu'aux jours nouveaux où les cœurs s'échangent : « Ma chère femme,

je viens de recevoir tout présentement ta lettre et
te fais réponse aussitôt, étant obligé de partir dans
ce moment avec M. le baron de Worden et M. le
comte d'Avelin pour Tournay. Je suis très fâché
que le peu de temps que j'ai ne me permette pas de
répondre à toutes tes galanteries ordinaires. Comme
le carrosse est prêt, il ne me reste que le temps de
t'assurer que je suis plus que jamais, mon cher
enfant, et ce avec l'attachement et la tendresse la
plus parfaite, ton affectionné et fidèle mari. » Il
ajoute en post-scriptum : « Fais bien mes compliments à toute la famille et à nos amis. Adieu ! »
Le dernier mot est sinistre, car cette lettre est datée
du 7 décembre, et sept jours après Dumont n'exis-
tait plus. « Le sieur François du Mont, sculpteur ordinaire du Roy, travaillant au mausolée du prince
d'Épinoy, dans notre église, son échafaud croula et
une masse de plomb tombant sur sa jambe la brisa,
en sorte qu'il en mourut le 14 décembre 1726. M. le
baron de Worden, chez qui il mourut, dans la rue
Françoise, paroisse de Saint-Pierre, a choisi la
sépulture dudit sieur du Mont dans notre église.
Le corps fut transporté jusqu'ici. La communauté le

reçut au grand portail et fit ensuite l'enterrement
devant l'autel de Saint-Pierre, martyr, vis-à-vis dudit mausolée, et le lendemain nous fîmes gratis son
service[1]. » Il fut donc enseveli au pied du monument « témoin de sa gloire et de son infortune ».

Cet ouvrage important n'aurait laissé aucun ves-
tige si Millin ne l'eût fait graver dans ses *Antiquités
nationales*, avec une longue description : « On voit
sur le mur un grand rideau orné de franges, re-
troussé de chaque côté par deux squelettes dont
l'un tient un sablier ; son ouverture laisse apercevoir
un grand socle de marbre orné de consoles et de
guirlandes de laurier, sur le devant duquel est un
sarcophage de marbre noir ; ce socle porte deux
figures de marbre blanc, grandes comme nature, et
un piédestal de marbre surmonté d'une pyramide
terminée par une urne cinéraire entourée de guirlandes de laurier. Des trophées militaires sont ar-
rangés en sautoir derrière cette pyramide, et sur le
devant on voit l'écu des armes de Melun, posé sur
le piédestal au bas de la pyramide. L'écu est orné

1. Extrait du Livre mortuaire des pères dominicains de la ville
de Lille.

de la couronne et du manteau royal et a deux ai-
gles pour support. Les deux figures sont placées de
chaque côté de la pyramide et assises sur son piédestal; celle qui est à droite est couverte d'une
longue draperie et d'un voile sur la tête, qu'elle a
penchée; elle tient un livre de sa main droite; son
costume et son attitude indiquent que c'est la Piété
ou la Religion; l'autre figure est couverte d'une tu-
nique qui laisse une partie de sa gorge à découvert
et d'un manteau qui lui couvre seulement les
cuisses et les jambes; elle a la tête et un bras élevés
vers un des squelettes qui retroussent le rideau, et
semble l'intercéder; l'autre bras est appuyé sur le
piédestal de la pyramide; les lauriers qui ornent
sa tête semblent indiquer que cette figure représente
la Gloire. Entre les deux statues, sur le sarcophage,
des branches de cyprès sont posées sur une draperie de marbre blanc qui tombe sur le devant de
ce tombeau et dont le bas est arrêté par une tête
de mort accompagnée d'ailes de chauves-souris;
c'est sur cette draperie qu'est gravée l'inscription. »

Une mort prématurée ne permit pas à François
Dumont de réaliser tout ce qu'on espérait de lui,

de remplir une destinée qui s'annonçait si brillante.
Ceux qui ont écrit sur les arts de son temps, l'abbé
de Fontenay, Mariette, d'Argenville, se sont accordés, envers l'homme et l'artiste, dans le même hommage ému. « Ses mœurs ne l'ont pas rendu moins
recommandable que ses talents. A un esprit vif il
joignait cette douceur, cette politesse si capables de
gagner le cœur des honnêtes gens. Les éloges, si
flatteurs pour l'amour-propre et si pernicieux aux
talents, ne servaient qu'à l'encourager à en mériter
de nouveaux. Louer ses productions, c'était l'ex-
citer à redoubler ses études. » (D'ARGENVILLE, *Vies
des fameux architectes et des sculpteurs.*)

Anne Coypel lui survécut plus d'un quart de
siècle ; elle mourut dans les premiers jours de
janvier 1755, après avoir eu la joie de voir son fils
agréé par l'Académie et en passe de devenir, lui
aussi, sculpteur du roi.

EDME DUMONT

1720-1775

Des huit enfants de François Dumont, un seul atteignit l'âge d'homme ; les autres moururent sans dépasser l'enfance, sauf l'aîné, Pierre-Simon, embarqué en qualité de pilotin sur la *Badine,* bâtiment de la Compagnie des Indes, et qui décéda à l'hôpital de l'Ile de France en 1736. Edme, destiné à transmettre l'héritage de famille, avait six ans lors de la catastrophe qui le priva de l'appui et des leçons de son père. Doué de dispositions précoces, il fut adopté par l'Académie royale, touchée de son malheur, entra dans l'atelier de Bouchardon quand le célèbre sculpteur, précédé par sa réputation, eut regagné la France, et remporta le second grand prix au concours de 1748. Depuis l'année 1747 son cousin Charles Coypel occupait le poste de premier peintre du roi. C'était un homme d'un talent facile, d'un esprit ingénieux et cultivé, avec les manières de la meilleure compagnie, apportant dans ses fonctions un zèle et un désintéressement qui lui acquirent de nombreux amis. Dépourvu des grandes qualités du peintre d'histoire, il a laissé de remarquables portraits et déployé dans le genre, surtout dans ses vingt-cinq compositions sur *Don Quichotte*, bien de l'imagination, de la grâce et de la verve. Si son mérite ne le désignait pas pour les hautes fonctions qui lui étaient échues, il s'en montra digne par la façon dont il sut les remplir. Sans cesse préoccupé des devoirs de sa charge, il eut l'idée d'un établissement qui rendit d'utiles services et dont l'hostilité de l'Académie empêcha la durée. Il avait remarqué l'affaiblissement des études, la médiocrité des concours pour les grands prix depuis quelques années et l'inexpérience des lauréats, insuffisamment préparés aux enseignements qu'ils allaient demander à la terre classique et nourricière. Il fit partager ses vues à Lenormant de Tournehem, directeur général des bâtiments, tout dévoué aux intérêts de l'art, et l'amena à proposer au roi de fonder six places d'élèves choisis parmi les peintres et les sculpteurs recommandés par leurs succès, et qui seraient logés et nourris dans la même maison et placés sous la conduite d'un gouverneur tiré de la classe des professeurs de l'Académie. Louis XV, qui, après la mort du ministre Orry, avait accepté le titre de protecteur de l'Académie, signa les lettres patentes soumises à son approbation, et l'*École royale des élèves protégés,* où devaient se former les jeunes artistes envoyés plus tard à Rome, fut installée dans une maison attenante au palais du Louvre, et dont le concierge était le père de l'illustre Houdon.

L'École ouvrit le 1ᵉʳ janvier 1749 sous la direction de Dumont le Romain, l'oncle d'Edme, bientôt remplacé par Carle Van Loo ; elle reçut comme premiers pensionnaires : Doyen, Hutin, de La Traverse, de La Rue, peintres ; Dumont et Pajou, sculpteurs. Les élèves travaillaient au Louvre dans la salle d'Apollon, sous les yeux du gouverneur ; ils étaient tenus d'exécuter un morceau qui devait être présenté au roi dans le courant du mois de janvier de chaque année. La première exposition eut lieu en 1750 dans les appartements de Versailles, et se composait, pour la sculpture, d'une ronde bosse de Dumont, le *berger Céphale,* et d'une figure de Pajou, *Anacréon arrachant une plume des ailes de l'Amour.* Edme envoya en 1751 *Polyphème voulant écraser Acis aimé de Galathée,* et en 1752 *Milon le Crotoniate pris dans un gros chêne qu'il voulait séparer en deux pour éprouver sa force.* Il ne fit pas le voyage d'Italie ; ses ouvrages avaient été très remarqués, et, avant qu'il n'eût terminé sa pension, l'Académie, dans la séance du 24 mars 1752, lui conférait le titre d'agréé, qui lui permettait de prendre part aux expositions [1].

Déjà sous le règne du grand roi, les académiciens avaient réuni leurs œuvres pour les montrer au public, aussi curieux des choses d'art que le nôtre ; mais les expositions régulières ne datent que de 1737. Elles se tenaient, comme on le sait, dans une galerie du Louvre, et annuellement jusqu'en 1751,

1. Aux lecteurs qui désireraient avoir plus de détails sur l'institution de Charles Coypel, je recommande l'excellent livre de M. Courajod : *l'École royale des élèves protégés,* dont j'ai largement profité, sachant que je pouvais butiner en toute sécurité.

où l'Académie, trouvant que le travail de douze mois
ne permettait pas de rassembler la quantité de
tableaux et de statues nécessaire pour garnir le
Salon (le mot fut tout de suite consacré), décida que
les expositions n'auraient plus lieu, à l'avenir, que
tous les deux ans. Celle de 1753 reçut d'Edme
Dumont le plâtre de son *Milon de Crotone*, le
géant Polyphème et le *Portrait en buste de M****.
Son envoi en 1755 fut : *Céphale*, déjà exposé, comme
le *Milon* et le *Polyphème*, dans les appartements de
Versailles, et un ouvrage nouveau : *Bas-relief pour
un fronton où l'on voit le buste du roi soutenu par
Minerve et la France appuyée sur son bouclier, qui
présente des richesses au Prince et semble l'inviter à
les répandre sur des Génies occupés à la peinture, à
la sculpture et à la chimie ; travaux relatifs à la
manufacture royale de porcelaine de Sèvres, où doit
être exécuté ce morceau.* Ce bas-relief, dont Boucher
avait donné le dessin, resta à l'état de projet et fut
remplacé par un autre également de la composition
du même peintre, représentant les *armes du roi
dans un cartel que des enfants entourent d'une
guirlande de fleurs : de chaque côté la Peinture et*

la Sculpture, et qui figura, en même temps que *Deux Baigneuses,* au salon de 1761. C'est le fronton qui décore la façade de l'ancienne manufacture de Sèvres, transformée en école normale supérieure d'enseignement pour les jeunes filles.

Le 16 janvier 1759 Dumont épousa Marie-Françoise, née le 15 décembre 1728 de François Berthaut, maître maçon, entrepreneur de bâtiments, et de Françoise-Judith Fordrin[1], dont le père, serrurier du roi, fut un maître dans sa partie. Au contrat signèrent, outre trois grands seigneurs : le marquis de Marigny, directeur des bâtiments, jardins, arts, Académie et manufacture royale, le comte de Caylus, Le Tellier de Souvré (de la famille de Louvois), les artistes les plus célèbres : Jeaurat, Drouais, Lemoyne (J.-B.), Cochin, Aved, Louis de Silvestre (directeur de l'Académie, qui avait signé au contrat du père), Carle Van Loo, Pajou, Adam, Noël Hallé, J.-B. Chardin. Le nom de Dumont le Romain manque à la liste ; il ne semble

---

1. Il reste d'elle un beau pastel de la Tour conservé dans la collection d'Augustin Dumont. J.-E. Dumont en a fait une copie à l'huile.

pas s'être beaucoup occupé du neveu dont il avait
été le subrogé tuteur. C'était d'ailleurs un homme
d'humeur quinteuse et malaisément sociable.

Le ménage d'Edme fut aussi heureux, aussi uni
que celui de François, et l'amour n'en laissa jamais
se desserrer les liens. Les lettres de Marie Berthaut
valent celles d'Anne Coypel, et mieux encore! Il y
court une flamme plus vive, la passion s'y échappe
en traits qui font songer à la religieuse portugaise
dont les transports étaient moins légitimes. Pendant
une courte séparation, en 1761, elle lui écrivait :
« Je ne saurais t'exprimer, mon cher et tendre
époux, avec quelle impatience j'attends le jeudi
au soir, jour auquel j'ai la consolation de recevoir
de tes chères nouvelles : car je suis persuadée
que tu ne peux pas t'imaginer l'impression que
fait sur mon cœur cette cruelle absence. Je ne
me possède pas; je suis tous les soirs, quand je
rentre, dans une agitation et une émotion affreuses.
Hélas ! je ne sais si toutes les femmes aiment avec
la même tendresse leur époux; tout ce que je puis
dire, c'est que quand on porte l'amour à un certain
point, c'est un véritable martyre. » Puis, une

semaine après : « Tes jours me sont si chers et
si précieux que je frémis toujours qu'une cruelle
destinée n'en rompe le cours. Il me semble, mon
cher époux, que ma vie soit attachée à la tienne,
car je t'avoue que je ne puis vivre un instant sans
toi. En ton absence, je ne goûte aucune satisfaction.
Tout m'ennuie, tout me déplaît; monde, plaisir,
amusements, tout m'est insipide. La seule espérance
de me réunir bientôt avec mon cher époux calme
et chôme un peu mes ennuis. Hélas! mon bon ami,
conserve et ménage bien des jours qui me sont si
précieux et auxquels tout mon bonheur est attaché.
Sois sensible aux tendres sentiments d'une épouse
qui t'aime sans mesure. Rends-lui, je te prie, amour
pour amour. Je ne puis t'exprimer mon attachement. Tout ce que je puis trouver, c'est qu'absente
de toi je ne vis pas, je languis dans un mortel
ennui. Prends bien des précautions pour les écha-
fauds (*le souvenir de la catastrophe de Lille dut
hanter plus d'une fois son esprit prompt à l'inquiétude*), ne sois pas indifférent pour tes jours, songe
qu'ils ne t'appartiennent plus, mais qu'après Dieu
tu ne dois vivre que pour moi et pour tes enfants. »

A la suite de ces élans du cœur viennent des réflexions et des recommandations qui révèlent la mère de famille attentive, la ménagère vigilante. C'étaient des braves gens que ces Dumont, et sur les traits d'Edme se reflète la douceur de son âme[1] ! Leurs compagnes si dignement assorties méritent de prendre place au milieu de ces *bonnes femmes* que Ducis, dégonflant la voix, a chantées dans une de ses jolies pièces familières; douces, dévouées, ne vivant que pour leurs maris,

> A leurs foyers jamais chagrines,
> D'hymen leur ôtaient les épines :
> Ils n'en sentaient que les douceurs.

Nommé académicien le 29 octobre 1768, Dumont, pour se conformer aux règlements, reproduisit en marbre le *Milon de Crotone* que le Musée du Louvre a recueilli, avec le *Titan* de François, dans son intéressante collection de morceaux de réception, superbe ouvrage d'un mouvement énergique, d'une forme nerveuse et palpitante, d'une anatomie sa-

1. Portrait non signé appartenant à la collection déjà mentionnée.

vante, hors ligne 'par l'exécution. Diderot, en rendant compte du Salon de 1769, dit du *Milon* :
« C'est une figure académique dont j'abandonne le
jugement aux maîtres, aux yeux desquels le ciseau
et le dessin pourront faire tout le mérite. » Le
grand critique, qui apportait dans ses appréciations
artistiques plus d'émotion, plus d'éloquence et
d'imagination que de goût sûr et de réelle aptitude,
a eu raison, cette fois, de laisser les maîtres juger
un ouvrage qui se recommandait par les qualités
qu'on exige du sculpteur [1]. Un contemporain moins
sensible, moins prodigue d'apostrophes, d'un sens
plus rassis, moins amusant à lire, il faut l'avouer, a
formulé ainsi son opinion, qui devait être celle du
public : « Pourrais-je surtout omettre le morceau
de réception de M. Dumont ? Son sujet est Milon de
Crotone qui, rappelant tout à coup ses forces épui-
sées, tente d'ouvrir le tronc d'arbre fatal où il doit
perdre la vie. En saisissant ce premier moment de
l'action, l'académicien a su ne point répéter Le

---

1. Ne semble-t-il pas que Mme Necker aurait justement défini
Diderot critique d'art, en lui appliquant ce qu'elle disait d'elle-
même à la suite d'une lecture des *Salons* : « Je n'aime la peinture
(et la sculpture) qu'en poésie ? »

Puget, qui fit choix du moment contraire, où l'arbre, s'étant resserré, laisse Milon en proie aux bêtes farouches; en sorte que l'un nous présente les efforts de l'athlète, tandis que l'autre ne nous a laissé voir que sa douleur. Par cette adresse M. Dumont s'est rendu imitateur sans devenir copiste; et il a cru devoir profiter habilement du *Milon* même de Puget pour les détails de la figure, sachant bien que, quand une fois les chefs-d'œuvre sont consacrés dans les arts, ils y deviennent règle[1]. »

En 1770 Dumont exécuta, dans un beau style décoratif, pour la façade de l'hôtel de la Monnaie qui regarde la cour, un fronton composé d'attributs caractéristiques et de deux figures assises de chaque côté d'un cadran, la *Chimie* et l'*Étude*. Au Salon de 1771 on vit de sa main un groupe de *Diane conduite par l'Amour contemplant Endymion endormi*. Enfin en 1775 « il s'obligeait envers le roi à exécuter, moyennant deux mille six cents livres (le fronton de la Monnaie avait été payé quatre mille cinq cents livres), pour la cathédrale d'Orléans, deux

1. *Lettre sur le Salon de peinture de 1769*, par M. B***; à Paris, chez Humaire, 1767.

figures en pierre de Conflans de la proportion de dix pieds, représentant saint André et saint Barnabé. »

Cet engagement, qui prouve qu'en aucun temps l'État n'a généreusement rétribué les sculpteurs, ne fut pas rempli ; car Dumont, dont la santé avait toujours été délicate, mourut le 10 novembre de la même année, à l'âge de cinquante-cinq ans, dans le logement que son père tenait de la munificence royale et qu'il laissa lui-même à son fils comme un bien patrimonial.

IV

JACQUES-EDME DUMONT

1761-1844

Le quatrième des Dumont vint au monde, le 10 avril 1761, si débile que longtemps on désespéra de le conserver. A force de soins et de précautions il triompha de la faiblesse de sa constitution; et s'il traversa la vie en valétudinaire, ce fut un de ces valétudinaires de l'espèce de Voltaire, qui s'éteignent après quatre-vingts ans. D'ailleurs son parrain, Jacques Fleury, avocat au parlement, conjura le sort en lui léguant une rente viagère. Personne n'ignore que la rente viagère est un brevet de lon-gévité. A la mort d'Edme il était en pension chez un M. Baudouin, écolier dissipé et médiocrement porté vers les lettres, y compris leur premier élément, l'or-thographe. Sa mère, qui reversa sur lui toutes les

tendresses de son cœur, prit un moment l'alarme
plus que de raison. Dans une lettre d'un ton sévère,
elle laisse percer son anxiété, ses craintes pour
l'avenir. « Puisque vous avez envie d'être sculpteur,
dessinez et songez que vous êtes le fils, le petit-fils,
le neveu, le cousin (*elle n'oublie personne*) de gens de
mérite dans les arts, soit de sculpture, soit de peinture, et qu'il serait indigne d'eux et même de vous,
si vous voulez être honnête homme, d'exercer un
de ces arts sans mérite, et qu'autant l'on est estimé
et distingué quand on est au premier rang, autant
méprise-t-on le fils d'un homme de mérite qui ne
tient que le dernier rang. » Elle avait pu croire
que le désir exprimé par son fils était une simple
velléité, un moyen d'échapper au régime de la classe,
un besoin de briser le frein. C'était la vocation qui
parlait, et il le montra bien lorsque Pajou, l'ami de
son père, l'eut admis au nombre de ses élèves.

Pajou, artiste éminent, homme de bien, ne paraît
pas avoir été un maître à souhait. Dans une lettre
écrite de Rome et où il rend à Pajou tout ce qui
était dû à l'homme, Jacques-Edme écrit à sa mère,
la confidente sans réserve de ses pensées et de ses

actions : « Je ne puis cesser d'admirer le zèle et la
constance que M. Pajou met à nous rendre service.
J'aurais voulu qu'il fût aussi doux dans sa manière
de donner des conseils à ses élèves qu'il est obli-
geant. Bien que j'aie toujours été persuadé du bien
qu'il me voulait, le ton et la manière avec laquelle
il s'est toujours expliqué avec moi m'ont involontai-
rement ôté la confiance que j'aurais désiré avoir en
lui. Néanmoins je suis arrivé au but que je me pro-
posais, et je suis actuellement avec des maîtres qui,
quoique ne parlant pas, me disent beaucoup plus
que ceux qui parlent : ce sont les antiques. » Il
éprouva sans doute des déboires et se laissa plus
d'une fois aller au découragement ; mais il avait
du ressort, et il sortit de l'atelier de Pajou par la
bonne porte. Il remporta le second grand prix,
en 1784, avec un bas-relief, la *Résurrection d'un
mort par l'attouchement des os du prophète Élisée*,
et le premier grand prix en 1788, sur la *Mort
de Tarquin*. Avant même sa première victoire académique, il avait exécuté, pour un devant d'autel
de la cathédrale de Séez, un bas-relief en marbre,
l'*Ensevelissement de saint Gervais et de saint Pro-*

tais, et aussi une *Vierge avec l'enfant Jésus* de moyenne dimension, souvent reproduite par les sculpteurs d'images religieuses, que J. Perraud, lors de son apprentissage, avait plus d'une fois, à Salins, taillée dans une bille de tilleul. Au moment de partir pour l'Italie, il venait de terminer, pour l'église Saint-Sulpice, le remarquable groupe en bois doré de la *Charité* qui surmonte la chaire. L'ouvrage, mis en place après son départ, suscita les réclamations des dévotes, scandalisées d'avoir sous les yeux une Charité dont le sein droit était découvert. Pour rendre la paix aux âmes timorées, le curé, M. de Wailly, fit apposer sur cette nudité consacrée par les chefs-d'œuvre une feuille de papier doré, qui s'est envolée aujourd'hui.

Bien que la mère de Jacques-Edme, femme d'artiste, comprît l'importance du voyage à Rome pour son fils, elle le vit s'éloigner le cœur serré, sous le coup d'une appréhension qui dura autant que le séjour ; il est vrai qu'il était souffrant en la quittant. Sorti de Paris au commencement de septembre, le pensionnaire visita Turin, Milan, Parme, et s'arrêta quelques jours à Florence, dont il se plaint aigrement ; les aises lui avaient manqué, « mal couché, mal nourri et obligé de ne boire que du vin, tant l'eau y était mauvaise ». Rome ne lui apparut pas à l'arrivée sous un aspect plus séduisant ; il eut besoin de s'y habituer. La correspondance, d'un abandon si affectueux et si sincère, qu'il entretint régulièrement avec sa mère est intéressante, et je m'en servirai largement, non pas qu'elle nous renseigne sur ses travaux, car il aborde peu ce chapitre spécial, mais il s'en dégage quelque chose du parfum qu'aiment à respirer tous les amis de Rome, et en outre elle entre parfois, ainsi que les réponses, également conservées, dans un détail curieux des événements du siècle finissant. « Je suis assez privé d'être éloigné de vous tous, de mes connaissances et de ma patrie, pour que vous vous occupiez à me récréer et me donner souvent de vos nouvelles et des choses remarquables qui peuvent m'intéresser. Car je vous assure que Rome n'est belle que pour les artistes, qui y trouvent effectivement de quoi s'ennoblir l'imagination et se former un sentiment de talent qu'il est difficile d'acquérir ailleurs. (23 décembre 1788.) »

Les mois s'écoulent ; l'impression ne se modifie

nullement : « Je ne sais pas comment on peut regret-
ter Rome pour autre chose que pour les arts, » les
antiques, qu'il admirait dévotement. Il revient à
plusieurs reprises sur « la sublimité de leur beauté,
l'étonnement où l'on est que des hommes aient pu
faire des choses d'une si grande beauté et d'une si
grande vérité». « On ne sait rien quand on compare
ce que l'on fait à ces ouvrages si parfaits ; c'est cependant le moyen d'acquérir que de faire souvent de ces
comparaisons. » La Rome du promeneur oisif, du
forestiere, comme disent les initiés, avait un tort
qu'il ne pouvait lui pardonner. Sensible comme tout
artiste, tout homme supérieur, selon l'aveu de Cousin,
au charme féminin, il ne rencontrait dans les rues
que « des femmes sans grâce dans leurs manières,
sans goût dans leur toilette ». Dans la suite, il revint
des sévérités de son jugement sur plus d'un point.

A l'Académie, dirigée alors par Ménageot et où il
était arrivé avec Garnier, l'ami des bons et des
mauvais jours, Dumont eut pour camarades Le-
thière, dont il a reproduit le profil dans un de ses
médaillons si vivants, les sculpteurs Bridan et Lemot, Girodet, lauréat de 1789. Le régime du

palais de Nevers ne lui déplut point. « Tous les
matins un domestique vous apporte votre pagnotte.
A midi on sonne derlingue derlingue pendant cinq
minutes ; on descend dans la salle à manger, qui est
en bas. Si l'on ne veut pas se donner la peine de
descendre, on se fait monter son dîner dans sa
chambre. L'ordre de notre table est composé tous
les jours de soupe, le bouilli, deux entrées, le
rôti, un plat de pâtisserie et deux plats de dessert,
et le soir deux entrées, un rôti, la salade et un plat
de dessert[1]... Si quelque chose n'est pas bon, on
fait tapage et l'on savonne la tête du cuisinier. Si
l'on est sorti ou qu'on ne veuille pas descendre
aussitôt la cloche, on trouve toujours son dîner à
quelque heure que ce soit. A sept heures du soir on
sonne la cloche du souper et, ainsi qu'au dîner, on
vient à l'heure que l'on veut. Lorsqu'on va en société
ou au spectacle, qu'on rentre à onze heures, le
domestique est là qui vous attend et qui vous sert.
Lorsque vous vous mettez à table, on boit, on mange
selon son appétit et on se fait servir au doigt et à

---

1. On peut lire sur le même sujet une lettre de Girodet (28 septembre 1790) à M. Trioson.

l'œil. On est maître de recevoir même à la table de
la pension quelqu'un à dîner, en payant quinze sous;
on donne un dîner à un ami soit à la grande table,
soit chez soi. Si nous travaillons dans quelque palais
éloigné de la pension et que nous voulions travailler
toute la journée, nous sommes maîtres de nous
faire apporter notre dîner. Voilà quelle est notre
existence! Vous voyez qu'elle est assez commode.
Par exemple, ce qui n'est pas lourd et dont je ne
ferai pas l'éloge, c'est de ce que le roi nous donne
pour le bois et la chandelle. Nous avons à peu près
six francs pour nous chauffer tout l'hiver, et l'on
nous donne tous les mois six chandelles. D'après
cela vous jugerez qu'il ne faut pas beaucoup veiller
ni se chauffer. » Vrai pays de cocagne si le roi eût
ajouté quelques écus de plus pour défrayer ses pensionnaires. Après avoir énuméré les dépenses,
Jacques-Edme aboutit à la même conclusion que
Girodet : « Je vous assure qu'il faut que je mette
de l'économie pour me tirer d'affaire avec le peu
(deux cents livres environ) que j'ai de surplus.
(14 janvier 1789.) » La réponse de la mère est
d'un ton différent en ce qui concerne la nourri-

ture. D'abord elle félicite son fils d'être si bien traité ; puis elle ajoute : « Il n'en est pas de même pour nous. On ne sait que devenir pour la dépense : le pain augmente tous les jours, les vivres de même : nous payons la viande douze sols la livre avec de la réjouissance et beaucoup d'os. (2 février 1789.) »

La Révolution approchait, et Dumont était tenu au courant des péripéties politiques par son beau-frère de Busne, officier de la connétablie[1]. Le 26 juillet, il lui annonça la prise de la Bastille. Je n'hésite pas à transcrire, quoiqu'il soit étranger à cette étude, un récit qui donne sur un des plus grands événements de notre histoire le témoignage vrai, l'impression chaude et vibrante d'un contemporain. « Mon cher frère, je regarde comme un devoir attaché à mon amitié pour vous de vous faire part de la révolution que la capitale a éprouvée lors de la disgrâce de M. Necker. Les troupes étrangères, montant à quarante-cinq mille hommes, étaient aux barrières de Paris. La foule a commencé par être

1. Le fils de M. de Busne, d'un premier lit, remplit sous la Restauration et la monarchie de Juillet les fonctions de chef des bureaux des Musées, dont fut investi plus tard un Dumont, neveu de Jacques-Edme.

immense au Palais-Royal ; on annonçait qu'elle
allait attaquer les troupes et se joindre aux régiments français, qui étaient dans l'abattement, lorsque
la nouvelle se répand que les barrières sont en feu.
On pille sur-le-champ les armuriers, chacun prend
la cocarde. Paris offrait une scène des plus terri-
bles. Ces nouvelles jetèrent l'épouvante dans tous
les cœurs. Le lendemain on s'arme de tout côté ;
l'hôtel des Invalides est forcé, on en retire soixante
mille fusils, mousquets et autres armes défensives,
on court à la Bastille qui fait résistance. Le gouverneur, M. de Launay, joue le rôle de parjure,
ouvre une porte en signe de paix, et lorsque les plus
confiants sont entrés dans ses murs, il fait tirer son
canon, qui en moissonne plus que moitié. Cette perfidie anime les combattants ; on place du canon,
dont on s'était muni aux Invalides, à la porte de
la Bastille. Les ponts-levis sont enfoncés par les
braves citoyens, parmi lesquels il y avait beaucoup
de gardes françaises qui sont rentrés dans la classe
des bourgeois, la cour les ayant abandonnés depuis
qu'ils se sont refusés à sévir contre le peuple. Ces
braves gens ont montré un courage sans pareil en

grimpant sur les murs de l'édifice élevé en l'honneur du despotisme. Ce fort est enfoncé et pris; le gouverneur et son lieutenant traînés à la Ville pour y rendre compte de leur conduite. Arrivés dans la rue du Mouton, ils reçoivent l'un et l'autre quelques coups de crosse de fusil sur la tête et dans l'estomac, et ils sont étendus par terre, où on leur a enlevé le chef, qui sur le moment fut mis au bout de deux piques et porté dans toute la ville à la tête d'un gros détachement de combattants. On a ajouté deux autres têtes, celles de MM. Foulon et Bertier de Sauvigny, aux trois autres (*la troisième était la tête de Flesselles*), mais avec des circonstances encore plus cruelles. Ces cadavres ont été traînés dans les rues nus comme la main, et dans la fange. Quantité d'autres sont encore menacés et ont pris la fuite. M. Necker arrive ce soir, à ce que l'on assure. On trouve des dépôts de blés immenses de tout côté : le pain diminue, ce qui répand la joie. Les greniers des monopoleurs se découvrent de tout côté; quelle perfidie ! Nous restons armés, et tout le monde porte la cocarde rouge et bleue. Dans le premier moment elle était verte

et blanche; mais, le vert étant la couleur des traîtres
et des principaux conspirateurs de la capitale qui
voulaient nous faire périr, on a foulé cette couleur
aux pieds pour adopter celle de la Ville. On n'entend
que tambours, on ne voit que canons et patroüilles;
voilà Paris ! Lorsque les états généraux auront travaillé à la constitution, dont ils sont fortement occupés, le calme renaîtra. Mais il faut ce grand ouvrage.
Les régiments français quittent leurs drapeaux et
les soldats courent à Paris. Nous en avons plus de
vingt mille que la ville nourrit. M. Foulon, huit jours
avant que d'être pris, s'était fait passer pour mort ;
on a procédé à son enterrement sur la paroisse
Saint-Nicolas des Champs : on a enterré une bûche.
Il s'était caché dans un village, d'où les paysans l'ont
amené à Paris. » L'auteur de cette relation a joué
sous la Terreur un bout de rôle qui l'honore. Entré,
quand la compagnie de la connétablie eut été sup-
primée, dans la gendarmerie nationale affectée au
service des tribunaux, il était de garde, un jour, à
la Conciergerie, auprès de Marie-Antoinette. Son
maintien respectueux, la pitié qu'il témoigna à la
malheureuse reine en lui offrant un verre d'eau, le

rendirent suspect. Dénoncé et poursuivi, il alla
chercher un refuge aux camps, et fit, avec le grade
de capitaine, les campagnes du Rhin. Il mourut,
dans un âge avancé, adjudant-major à l'hôtel des
Invalides.

Dumont ne manquait pas de patriotisme, — il
avait offert à la caisse nationale les boucles d'argent
de ses souliers, — mais il était sculpteur avant tout ;
aussi les pensées que lui suggère la lettre de son
beau-frère nous le présentent sous une face tout à
fait humaine, plus préoccupé de son propre avenir
que de celui de la France. « Nous sommes dans un
temps bien malheureux pour les arts ; tous ces événements y font et y feront pendant longtemps un
tort considérable. Ce sont des réflexions que je fais
même à Rome, où de tout temps les pensionnaires
avaient à faire quelques ouvrages que leur comman-
daient des amateurs, ce qui facilitait leurs études.
Les affaires présentes ont tout changé. (16 septembre.) » La jeunesse ne connaît pas les longs
désespoirs, elle a au cœur une source éternellement vive où se noient les soucis et les chagrins.
Jacques-Edme reprit bientôt le dessus ; il s'était,

par bonheur, réconcilié avec Rome, qui lui semblait
moins triste et plus agréablement habitée ; les récriminations ont cessé, ces récriminations qui tour-
mentaient sa mère. « Je suis peinée, disait-elle en
cherchant à le remonter, que dans un pays de dé-
lices pour tous les artistes, et qu'ils ne quittent tous
qu'avec tant de regret, tu éprouves tant d'ennui et
de déplaisance. Je crains beaucoup que ce dégoût
n'influe sur ton talent et ta santé. » Maintenant il
va dans le monde, se distrait et s'égaye. « J'ai passé
six jours de mon carnaval sagement et raisonna-
blement, et le septième un peu moins : car j'ai été
engagé par une société à me déguiser et à courir
les rues ; nous étions douze environ, à peu près moitié femmes et moitié hommes, déguisés les uns en
polichinelles, les autres en arlequins ; nous dansions
dans tous les endroits un peu larges, sur toutes les
places, et nous faisions danser les gens qui avaient
l'air de s'en soucier le moins et souvent ceux qui ne
demandaient pas mieux. Nous étions deux pour la
musique ; moi je jouais du violon et un autre de la
guitare. Nous nous sommes, comme cela, promenés
toute l'après-midi, et la nuit nous a fait rentrer chez

un monsieur où toute cette société se rassemble le dimanche et où nous étions attendus avec un petit goûter assez joli pour des Italiens, où l'on ne mange jamais. (17 janvier 1790.)» Ayant vécu isolé pendant les premiers mois de son séjour, renfermé dans l'Académie ou dans les galeries, il commençait à se répandre au dehors, recherchant les connaissances; il en avait fait d'avenantes, entre autres celle d'une jeune fille sa compatriote, excellente musicienne, habitant avec un vieil oncle médecin qui n'entendait pas un mot de français. Il consultait l'oncle sur sa santé, et la nièce « sur les différents sentiments que l'amour fait éprouver ». « Nous avons quelquefois des petites conversations assez amusantes à cet égard. » Pas de secret pour sa mère ! Il la met au courant de tout, se confesse entièrement à elle. « En qui aurai-je de la confiance si ce n'est en vous? Personne plus que vous, ma chère maman, ne peut partager mes peines et mes plaisirs, comme personne plus que vous ne peut me donner des conseils sages en raison des circonstances de ma vie, que je vous confierai toujours. » Les joies de son fils, la tranquillité dont il jouit, consolent un peu la bonne mère des misères qui l'entourent ; elle est heureuse qu'il ait pris sa part des divertissements du carnaval : « Il faut quelquefois un peu de ces petites folies pour se dérider et chasser les soucis et les inquiétudes de cette vie. Pour nous, nous avons été bien plus sages dans notre bonne ville de Paris, car l'on n'y a pas vu un seul masque ; cela a été expressément défendu. (15 mars 1790.) »

Mme Dumont avait obtenu, à la recommandation de l'Académie, la faveur de rester au Louvre après la mort de son mari. Le logement qu'elle occupait, agrandi à ses frais, — car les habitants du Palais agissaient en véritables propriétaires, — se composait d'un atelier et de pièces assez nombreuses pour qu'elle pût en louer une partie au sculpteur De Seine. Ses prévenances pour son locataire, sa sollicitude, avaient été si affectueuses que celui-ci, pendant son temps de pensionnat, était resté en correspondance suivie « avec sa petite maman du Louvre ». Mais la gratitude ne tint pas contre les intérêts. Devenu académicien en 1791, il s'empressa de demander à être mis en possession des lieux où il était rentré à son retour de Rome. Mme Dumont défendit ses droits avec une infatigable énergie [1]. Elle ne pouvait avoir gain de cause contre un adversaire sculpteur du prince de Condé et puissamment protégé, mais elle ne fut pas entièrement dépouillée. Le 15 décembre 1791, M. de La Porte, l'intendant de la liste civile, donna l'ordre à Vien, directeur de l'Académie, « d'examiner le local et de faire du tout une répartition telle que M. De Seine ait avec l'atelier les commodités nécessaires pour l'exercice de son talent, et que Mme Dumont y ait un logement tel qu'il convient à sa situation. » Quand Jacques-Edme eut connaissance de ce jugement à la Salomon qui le privait de l'atelier dont il allait bientôt avoir besoin, sa colère contre « la trahison de l'infâme De Seine », son indignation, en vinrent aux extrêmes. « Je ne sais à quels excès je me fusse porté si j'eusse été auprès de lui. » La mère avait plus de sang-froid. « Il est des circonstances dans la vie où il faut montrer du courage et de la fermeté d'âme... Surtout, mon enfant, point de découragement, je t'en prie ; étudie toujours beaucoup,

1. Les *Nouvelles Archives de l'art français* ont publié plusieurs pièces relatives à cet incident.

prépare-toi à te faire agréer et recevoir aussitôt ton
retour. » Elle ajoutait, en prévision de l'avenir :
« L'on ne fait jamais cas d'un homme vindicatif et
violent ; la prudence et la douceur sont les armes
les plus sûres. » Enfin sa lettre se terminait par une
nouvelle plus propre à calmer son fils que les plus
sages exhortations : « M. Pajou, ton maître, t'en-
gage à ne pas trop t'affecter ; il te cédera dans son
atelier un endroit commode pour travailler. »

La pension de Dumont touchait à son terme. Il
eût désiré rester encore à Rome, y passer tout au
moins l'hiver de 1793. « Sans vous et ceux qui
m'intéressent, avec lesquels je suis bien aise de
partager les malheurs qui pourront survenir, je ne
serais nullement tenté de retourner et j'emploierais
tous les moyens pour vivre où je suis, jusqu'à ce
que des temps plus heureux succèdent à l'orage qui
s'est élevé contre la tranquillité et la sûreté de
chaque individu. » Le séjour de la ville papale était
pourtant à cette époque assez désagréable et même
dangereux pour les Français, accusés d'y propager
l'esprit d'irréligion ; ils y étaient mal vus, vexés,
parfois insultés. « Il faut la plus grande prudence

dans ses discours et dans sa manière d'être. » Malheureusement les Français, pour la plus grande partie artistes, n'avaient ni dans leur attitude ni dans leur langage la réserve commandée par la situation. L'Académie était le rendez-vous des partisans des idées nouvelles. Au palais de Nevers, transformé en club se rencontraient, hôtes et pensionnaires, Garnier, Meynier, Réattu, Laffite, Girodet, Gounod, illustré par son fils ; Girard, Lemot, Tardieu, Lefaivre, Lagardette, Gauffier, qui avait partagé le grand prix avec Drouais dans le concours mémorable de 1784 et qui ne revint jamais en France ; Fabre, successeur des Stuarts ; le sculpteur Michallon, Mérimée, père du conteur « à la fois exquis et dur » ; Chinard, statuaire lyonnais arborant à son chapeau la cocarde tricolore pour travailler, et qui expia au fort Saint-Ange les intempérances de sa langue ; Topino Lebrun, promis à l'échafaud ; Wicar, qui a doté sa ville natale, Lille, d'une admirable collection de dessins de maîtres italiens, formée, à en croire l'histoire ou la légende, par d'étranges procédés ; trente autres encore, tous ou presque tous révolutionnaires se modelant sur David. Les évé-

nements eussent tourné au tragique dès l'automne
de 1792 sans la présence des troupes républicaines
sur le territoire de la péninsule. « On est toujours
dans la crainte sur les marches de notre armée ; on
appréhende qu'elle ne se dirige vers ce pays. Cela
cause de l'inquiétude à Rome et fait regarder encore
plus mal les Français qui y sont. Cependant on ose
un peu moins les insulter depuis les succès qu'ils
ont. Il n'est pas arrivé d'événements très fâcheux
pour nous, sinon des vexations et l'impossibilité
d'aller dans une maison italienne, car on punit les
Italiens qui aiment notre nation et approuvent notre
nouvelle constitution. » A Naples, où régnait un
Bourbon, prince doux et imbécile qui laissait gou-
verner sa femme et ne se plaisait qu'à la pêche, les
dispositions n'étaient pas plus sympathiques. « Les
Français étaient plus mal vus dans ce pays qu'à
Rome, car depuis près de deux ans on n'en laissait
venir aucun ; mais depuis nos succès il me paraît
que ce faible monarque (Ferdinand IV) a réfléchi et
s'est fait une loi d'être plus honnête envers notre
nation... Depuis environ un mois plusieurs Français
ont eu des passeports pour Naples, entre autres

deux pensionnaires qui y sont actuellement, ce qui
m'a déterminé à demander un passeport. (21 novembre 1792.) » Basseville, récemment arrivé à Rome,
chargé par Mackau, ministre de la République à
Naples, d'une mission qui devait lui coûter la vie,
engageait les pensionnaires à partir pour Naples.
Dumont et quelques-uns de ses camarades suivirent
ce conseil prudent.

Une escadre française mouillait dans les eaux de
Naples. Elle était commandée par le contre-amiral
La Touche-Tréville, ancien chancelier du duc d'Orléans et rallié, comme son maître, au parti révolutionnaire. Le comte de Ségur, son compagnon pendant l'expédition d'Amérique, ne l'a pas oublié dans
ses Mémoires : « C'était un homme instruit, brave,
spirituel, aimable. » Il reçut les fugitifs avec em-
pressement. Jacques-Edme, qui avait entrepris de
faire, d'après lui, un de ces médaillons d'un accent
si vrai, d'une touche si fine, dont se compose une
grande partie de son œuvre, passait des journées
entières sur le *Languedoc,* où était arboré le pavillon
de l'amiral. « Mon portrait est avancé, et on le
trouve ressemblant. J'ai assisté sur son bâtiment à

un grand dîner qu'il a donné. Ce repas s'est terminé par des chansons, dont la dernière a été celle
des Marseillais. Le ministre de France à Naples y
était et nous a annoncé qu'il allait nous donner du
rabat-joie ; il nous a fait part qu'il venait de recevoir des nouvelles de Rome qui portaient que le
pape n'avait pas voulu qu'on mît les armes de la
République française sur l'Académie de France, ce
que l'on avait voulu faire depuis peu, et que le saint-
père avait parlé d'une manière très méprisante de
notre République en disant : cette « soi-disant » république. M. Mackau, chargé des affaires de notre
République pour Naples et pour Rome, a envoyé un
des officiers de nos bâtiments par un courrier avec
une lettre pour le chargé d'affaires à Rome, second
de M. Mackau, qui lui a ordonné de placer aussitôt
sur notre Académie et chez le consul de France les
armes de la République, et dans le cas où par la
force on mettrait opposition, de faire revenir tous
les Français à Naples et de déclarer au pape qu'on
allait avoir la guerre avec lui. Le saint homme
(Pie VI) est entêté et mal conseillé... Nous atten-
dons avec impatience le retour de cet officier pour

savoir ce qu'il en aura résulté. Je suis dans la plus grande incertitude... Ce qui me fâche, si je ne puis retourner à Rome, c'est que j'y ai tous mes effets et mon argent. Cette nouvelle après tout ne nous a point affligés ; on a recommencé à chanter et à boire et ensuite on a dansé. Pendant le repas on a embrassé les femmes. »

Cette lettre porte la date du 12 janvier 1793 ; le lendemain Basseville était assassiné dans une rue de Rome, le palais de Nevers envahi, saccagé, et les pensionnaires demeurés, entre autres Girodet, — qui a retracé la sinistre journée dans une lettre adressée à son père adoptif, M. Trioson, et lue à une séance de la Convention, — ne s'échappaient qu'à travers mille dangers.

Si l'avenir ne souriait guère à Jacques-Edme, le présent apparaissait sombre et menaçant. « L'Italie s'est si fort déclarée contre les Français qu'il n'est plus possible de recevoir des nouvelles de ceux qui vous intéressent. Je suis moi-même en Italie comme un oiseau sur la branche et ne sais quel vent m'en chassera. En sortirai-je par quelque événement ou de mon bon gré ? C'est ce que j'ignore... Je crains

bien de perdre tout ce que j'ai laissé à Rome.
C'est un grand chagrin pour moi. J'avais beaucoup
travaillé pour avoir, toute ma vie, un souvenir de
tout ce que cette ville renfermait de beau, et j'avais
fait un nombre considérable de dessins qui devaient
être pour moi une source dans laquelle j'aurais
puisé ; j'avais prévu en cela mon manque de mémoire. Mais je crains fort que tout cela ne soit
perdu, ainsi qu'une somme d'argent que j'avais pour
mon retour... Mon beau-frère de Busne vous aura
fait part des événements atroces qui sont survenus
à Rome et qui ne permettent plus à aucun Français
d'y rester. L'épouse de l'infortuné Basseville part
aujourd'hui de Naples avec le citoyen La Touche,
qui retourne en France. J'aurais pu profiter de
cette occasion, mais mes affaires de Rome m'ont
arrêté. » Plutôt que de revenir au toit maternel
sans emporter le trésor amassé pendant quatre ans
d'études, il se condamnait à vivre dans un milieu
hostile, sans argent, presque sans vêtements, contraint de se reposer sur la Providence. Elle ne l'a-
bandonna pas ; il reçut à Florence, par les soins
d'un ami, ses effets et son argent, « caché dans la tête

en plâtre du vieillard », et recouvra plus tard ses portefeuilles de dessins et tous ses ouvrages, parmi lesquels l'ébauche réduite en marbre de la figure antique connue autrefois sous le nom de *Cléopâtre* et désignée actuellement sous celui d'*Ariane*.

Le 4 mai 1793 il était à Marseille. Avant de quitter l'inhospitalière Italie, il avait appris par sa sœur la mort du roi, et je mets sous les yeux du lecteur ce document, par les mêmes motifs qui m'ont décidé à ne pas laisser inédite la lettre du mari sur la prise de la Bastille : « Je ne t'en écrirai pas bien long, car nous avons éprouvé aujourd'hui un choc dont nous avons été bien affectés. Louis XVI a été conduit aujourd'hui à l'échafaud, où il a subi le supplice qui lui était destiné depuis fort longtemps. Cependant la journée s'est passée dans un calme et une tranquillité que l'on n'aurait pu espérer. Tous les contre-révolutionnaires, tous ses partisans, l'ont abandonné et ne se sont nullement montrés. Je t'avoue franchement que nous la craignions tous, cette journée. Mon mari était de service, et j'ai passé toute la journée au Palais (de justice) avec lui. L'exécution était faite à dix heures un quart, et le reste de la

journée un étranger qui serait arrivé dans cette
ville, ignorant cet événement, n'aurait pas pu s'en
douter, à la tranquillité qui régnait à Paris. (21 janvier 1793.) »

La première occupation de Jacques-Edme en rentrant au gîte rétréci fut de faire rendre gorge à
De Seine. La roue de la fortune avait tourné, et il se
trouvait dans une meilleure position que l'ancien
sculpteur du prince de Condé, demeuré honorablement fidèle à ses opinions monarchiques. Le ministre de l'intérieur Garat fit du même coup acte de
politique et de justice. Le 17 juillet 1793 il écrivait
à Dumont : « Je lui enjoins aujourd'hui même (au
sieur De Seine) de remettre sans délai à votre disposition l'atelier dont il vous a privé, pour que vous
en jouissiez, ainsi que du logement qui y est attaché,
comme en jouissait votre père. »

Le moment n'était pas favorable pour les arts ;
la Convention cependant ne les négligea pas absolument, et par sa loi du 9 frimaire de l'an III elle
ouvrit plusieurs concours. Parmi les sculpteurs qui
envoyèrent des esquisses aux concours nationaux et
y obtinrent des prix on remarque Dumont, Lemot,

Ramey, Michallon, Chaudet, Lesueur, Boizot, Roland. Le premier concours avait pour sujet le
Peuple français vainqueur du despotisme, statue
colossale qui devait être coulée en bronze et érigée
sur le Pont-Neuf. Dans la séance du 21 pluviôse
an III, le jury des arts adjugea à Dumont le second
prix, qui consistait à exécuter dans une proportion
de six pieds le modèle d'une figure de son choix.
Le 24 pluviôse il obtint un premier prix sur l'esquisse du *Peuple français terrassant le fédéralisme,*
qu'il devait rendre en grand; mais la Convention
ayant sur ces entrefaites prononcé la destruction du
colosse élevé sur l'esplanade des Invalides, ainsi que
de tous les monuments relatifs au fédéralisme, il
fut autorisé à faire un groupe de son invention.
Enfin, dans la séance du 1er ventôse, son esquisse de
la *Liberté* pour la place de la Révolution remporta
un premier prix. Dumont n'eut à exécuter qu'un
seul des ouvrages couronnés dans le concours, la
Liberté, placée momentanément sous le dôme des
Invalides, et, de vingt-trois mille francs sur lesquels
il était en droit de compter, ne toucha qu'une
somme modique, et en assignats, si vite dépréciés

qu'ils se retrouvèrent en grande partie dans l'inventaire de sa succession ouverte en 1844. Ni argent
ni travail, tel fut, en définitive, le résultat de ses
premiers efforts. Il fallait vivre et faire vivre sa
mère, qui ne le quitta jamais et que le bouleverse-
ment des affaires publiques avait presque ruinée ;
aussi n'hésita-t-il pas à se mettre aux gages des
fabricants de bronze et des orfèvres, modelant
pour eux une quantité de statuettes d'un goût charmant et d'une incomparable finesse d'étude, dont
plusieurs parurent dans les Salons. Il en est une,
inspirée par Gessner et exposée en l'an V, qui mérite une mention particulière ; c'est *Eve* qui vient
de ramasser un oiseau mort et, le tenant dans sa
main, se recueille devant cette image de l'immobilité
succédant à l'animation de la vie. La pensée est
touchante, rendue avec sentiment et revêtue d'une
forme qui imprime à cette figurine le caractère et
presque la valeur d'une statue. Plus tard, lorsque
des travaux plus importants lui arrivèrent, — ils ne
furent pas nombreux, — il continua à demander à
l'industrie les ressources que l'État ne lui offrait pas
suffisamment. En l'an XIII il fit, pour le service

offert par le département de la Seine à l'empereur et l'impératrice, deux groupes, la *Seine* et la *Marne,* et les trois *Grâces,* une figure de la *Bienfaisance* et deux bas-reliefs. Le même orfèvre Auguste lui commanda les quatre apôtres en bas-relief pour des flambeaux, cadeau de Napoléon à Pie VII. Ce fut dans cette période de son existence qu'il exécuta le médaillon de David, un grand artiste, un triste personnage à jamais marqué par Chénier et dont il n'eut pas trop à se louer.

L'année 1798 lui apporta un peu de bien-être. Un article du traité de 1797 avait obligé le pape à mettre à la disposition du gouvernement français une somme de trois cent mille francs pour être distribuée à ceux qui avaient souffert à la suite de l'attentat contre Basseville. Jacques-Edme reçut pour sa part, comme les autres pensionnaires, quatre mille francs, bien qu'il n'eût éprouvé aucune perte matérielle; mais Bridan, grand prix de sculpture de 1792, fut encore plus avantageusement traité; car on le comprit dans la répartition, quoiqu'il n'eût pas mis les pieds à Rome. A cette bonne fortune succéda une vive contrariété; il dut abandon-

ner le logement où il était né, où sa mère était
morte entre ses bras, le 14 thermidor de l'an VIII.
Le premier consul venait de décider l'achèvement
du Louvre, et les artistes qui habitaient le palais, où
ils se gouvernaient comme en pays conquis, cons-
truisant et démolissant selon leurs convenances,
furent congédiés. En échange on leur accorda une
indemnité, transformée presque tout de suite en un
logement dans un autre bâtiment domanial depuis
longtemps désert, la Sorbonne.

Ces dépendances spacieuses, disposées pour contenir trente-sept docteurs en théologie, abritèrent
pendant une vingtaine d'années toute une colonie
de peintres et de sculpteurs. Au milieu du grand
Paris, rien de plus curieux que ce petit Paris où
vivaient environ trente ménages, rapprochés par le
culte des mêmes dieux, dans une sorte de communauté fraternelle, troublée de temps en temps, il
faut l'avouer, par les rivalités inévitables entre voisins, et voisins de caractère particulièrement suscep-
tible. Je n'ai pas la prétention d'évoquer un monde
presque entièrement évanoui ; cependant je voudrais
essayer, en m'aidant de notes prises à la volée et de

souvenirs lointains, de faire défiler dans une rapide énumération les personnages qui depuis le 15 germinal an X jusqu'au 1ᵉʳ août de l'année 1821, où le roi attribua la maison à l'Université, habitèrent l'édifice reconstruit par Richelieu.

Tout d'abord, le plus illustre, Prud'hon, méconnu de ses contemporains, auxquels il semblait un débris du passé, comme un Watteau attardé, un Boucher faisant tache dans le ciel de David. Sous le même toit, Mˡˡᵉ Mayer, une laide charmante, dont l'expression de douceur et de tendresse se retrouve sur toutes les têtes du maître. Attirée vers Prud'hon par son génie, sa pauvreté et ses malheurs, elle l'aidait dans ses travaux, et, tenant la place de l'épouse absente, élevait les nombreux enfants nés d'une union mal assortie. Son devoir maternel accompli, elle sentit un vide affreux, s'épouvanta de l'avenir, et un matin de mai 1821, affolée par le désespoir, saisit un rasoir et se coupa la gorge, adieu sinistre de la colonie artistique à cette Sorbonne regrettée d'où la pauvre femme n'avait pu se résigner à sortir !

Plus célèbre que Prud'hon, sur lequel il l'emporta aux élections de l'Institut, d'une célébrité viagère,

s'épanouissait Charles Meynier[1], dont la main facile
et féconde ne s'arrêtait jamais et que David, qui
d'ailleurs n'aimait pas grand monde, avait pris en
exécration. Le nom de Meynier excitait sa verve ;
épigrammes et saillies jaillissaient comme de source.
« Meynier, disait-il un jour avec la grimace d'un
singe se complaisant dans sa malice, oh! Meynier !
il a beaucoup de talent. On lui couperait la tête
qu'il peindrait encore ! »

Les autres peintres, peintres d'histoire comme ils
s'intitulaient hiérarchiquement, étaient : Callet, qui
a restauré et complété le beau plafond de Lemoine,
à Saint-Sulpice, couronné par l'Académie à dix-huit
ans ; Pajou, écrasé par le poids d'un grand nom ; le
canonnier Lordon, Ansiaux et Trézel, estimés de
leur vivant et depuis tombés dans l'oubli où seront
ensevelis à leur tour ceux qui les dédaignent aujour-
d'hui ; Garnier, cœur dévoué, esprit cultivé, qui ve-

---

1. Quoique peintre d'histoire, il n'avait pas cru compromettre
sa dignité, pas plus qu'Abel de Pujol, l'auteur des *Deux Magots*,
en brossant une enseigne. Cette enseigne, qui se voyait encore, il
y a une trentaine d'années, sur la devanture d'un marchand de
nouveautés, rue de Seine, représentait un personnage d'un vaude-
ville de Scribe (*Une nuit de la garde nationale*), l'amusant M. *Pigeon*
« biset en habit marron ».

nait d'inaugurer le siècle par un tableau à sensation, la *Famille de Priam;* Taillasson, coloriste agréable, poète comme Girodet, tantôt rimant un poème didactique sur le *Danger des règles dans les arts :*

Et le sein d'Aglaé fut le fruit du compas !

tantôt tirant de la lyre d'Ossian les *Chants de Selma.* Il avait peint une *sainte Thérèse* d'une beauté si mondaine, d'une séduction si terrestre dans son extase, qu'aucun ecclésiastique ne consentait à dire la messe dans la chapelle, dont elle troublait le recueillement. Ce tableau faisait « venir de coupables pensées ». Un de ces spirituels improvisateurs d'autrefois, sans cesse à l'affût de l'à-propos, s'en plaignit dans un quatrain, au nom des consciences en péril :

Taillasson, ôte de ce lieu
Ta Thérèse trop adorable;
Tandis qu'elle se donne à Dieu,
Elle nous fait donner au diable.

« Vanité des vanités ! » qui se souvient de Taillasson ?

Et encore Milbert le voyageur, ballotté des pam-

plemousses de l'Ile de France aux rives de l'Hudson,
plume et pinceau à la main; André Dutertre, membre de l'Institut du Caire, remis en honneur par
l'Exposition de 1889, où vingt-quatre de ses habiles
et intéressants dessins avaient été réunis; l'architecte Norry, contemplé, lui aussi, par les quarante
siècles des Pyramides et auteur d'une relation de
l'expédition d'Égypte ; Constant Bourgeois, paysagiste un peu sec, l'un des propagateurs des procédés
nouvellement inventés de la lithographie; Dandril-
lon, professeur de perspective, qui avait rapporté un
grand nombre de vues d'Italie, où il avait séjourné
trois ans aux frais d'un agent de change ! Puis
Demarne, le Flamand, qui avait préféré à l'épée
paternelle le pinceau naïf et frais avec lequel il a
couvert tant de toiles recherchées par les amateurs.
L'été, il allait faire ses études dans sa charmante
propriété de Bourgogne, flanquée de tours féodales,
ombragée d'arbres séculaires. Enfin deux peintres
de portraits : Vestier, d'une dextérité merveilleuse à
rendre les étoffes, redouté à cause de la fréquence
et de la longueur de ses visites, et Bosse qui avait vu
sourire devant son chevalet les plus gracieux visages

de la cour de Louis XVI et de l'entourage du comte
d'Artois. Ce dernier prince appréciait beaucoup
Bosse, et davantage, si l'on ajoutait foi à la chronique secrète, M^mo Bosse, une beauté imposante.
Médisance ou indiscrétion, on se souvenait que le
comte d'Artois avait reçu en partage un pour le
moins des trois talents du Béarnais. J'allais oublier
Van Daël, peintre de fleurs, détesté de la jeunesse
parce qu'il s'était approprié, pour y cultiver ses
modèles, une partie du jardin commun.

Des sculpteurs, le plus renommé parmi les hôtes
de la Sorbonne était Roland. Ses œuvres vivantes et
fortes lui méritèrent l'honneur d'entrer, avec Pajou
et Houdon, dans la section de sculpture, à la fondation de l'Institut; d'elles une école était sortie.
J.-E. Dumont s'y rattachait par un amour sincère
de la nature, qu'on ne rencontrait pas au même
degré chez ses rivaux plus favorisés, Cartelier, Lesueur, Ramey, tous trois de l'Institut. Ramey eut
même le privilège, que partagea avec lui Carle Vernet, d'être le confrère de son fils.

Beauvallet, de relations désagréables, ne manquait
pas de mérite; ses figures de femmes respirent une

grâce dont son caractère était dépourvu. Il avait essayé de paraître en scène pendant le drame de la Révolution, et son amitié pour Robespierre faillit lui coûter cher, lorsque les terroristes furent terrorisés à leur tour. Sous l'empire, il se tenait coi, vivant retiré et solitaire dans un corps de logis accessible par un escalier réservé à son usage exclusif. En rentrant un soir, il trébucha ; personne ne l'entendit tomber, et le lendemain on le releva mort au bas de la première marche. Bridan, l'auteur de l'éléphant monumental de la Bastille, ce vaste palais des rats, qui avait hérité du talent de son père, ne mourut pas d'une chute, quoiqu'il en fît de fréquentes. Que de fois on le trouva dans la cour ou devant sa porte, dormant sous la protection du dieu qu'il adorait ! O inconséquence de l'esprit humain ! Il devait bien une statue à Bacchus : il tailla dans le marbre un héros sobre, *Épaminondas*. Stouf, la rougeur au front, enjambait trop souvent, pour se rendre à son atelier, le fils de son ancien confrère de l'Académie. Un brave homme que ce vieux Stouf, et gai et pétillant comme Trenitz lui-même ! Il était resté fidèle aux traditions de ses maîtres, Coustou et Slodtz, à

l'art du dix-huitième siècle, et son *Abel mourant*
en est un des plus aimables spécimens. Chez Fran-
cin, dont le père avait été également académicien,
on aimait à rencontrer Michallon, son petit-fils, enlevé en pleine jeunesse, à l'aurore de la gloire, après
avoir remporté pour la première fois le prix de
paysage historique fondé en 1817. Plein de verve et
d'entrain, effervescent comme son nom d'Etna, il
avait toujours un charbon à la main, et les murs
étaient couverts de ses compositions.

David d'Angers n'habita pas la Sorbonne ; il y
occupa seulement un atelier dans l'église, qui avait
servi d'écurie aux uhlans durant l'invasion.

La gravure était représentée par Alexandre Tardieu, dont le burin avait tracé les assignats, le dernier
d'une famille adonnée, hommes et femmes, au même
art. Il travaillait à ses heures et mettait tant d'intervalle entre chaque taille, qu'il acheva sous le Consu-
lat le portrait en pied de Barras, commandé par le
Directoire au début de son établissement. Comme de
juste, Fouché mit l'interdit sur la planche. La leçon ne
fut pas perdue ; il eut soin de terminer avant la Restauration le portrait de Napoléon I⁰ʳ d'après Isabey.

On travaillait beaucoup à la Sorbonne, on s'y amusait un peu. Que les distractions de ces bonnes gens nous paraîtraient fades et médiocrement réjouissantes ! Par les longues soirées d'été, on se réunissait dans le jardin, que traversait naguère la rue Jean-Gerson, sous les épais tilleuls odorants. Orfila, sur le point d'épouser Mlle Lesueur et admis à faire sa cour, était d'une assiduité de prétendu. Espagnol, il apportait sa guitare et disait, d'une voix de vrai ténor, une séguedille nationale ou une romance du compositeur à la mode, ce Schwartzendorf qui eut le bon esprit de se faire appeler Martini.

Rien n'était ravissant comme la voix d'Alpin !

me disait un témoin auriculaire, en retrouvant dans sa mémoire un vers de Taillasson. Outre ces concerts improvisés en plein vent, des fêtes musicales étaient données dans une grande salle où les élèves de Prud'hon et de Mlle Mayer peignaient d'après le modèle [1].

1. J'ai retrouvé quelques programmes de ces concerts, écrits à la main, sur un solide papier à dessin, par un calligraphe con-

En hiver, on dansait chez Pajou, chez Lordon ou
chez Dumont, le dimanche. Jacques-Edme décrochait
son violon et mettait la meilleure volonté du monde
à racler, sans démancher, par exemple, le quadrille
en vogue *la Petite Laitière*. Les danseuses, et la
Sorbonne n'avait pas besoin d'emprunter au dehors
pour en fournir un sémillant essaim, se paraient de
mousseline blanche, ou de robes grises rehaussées
d'un mince filet vert ; décolletées à la vierge, elles
posaient sur leurs cheveux une petite couronne de
fleurs à l'antique. C'étaient Mlles Dumont, Mlle Bridan, qui avait dû épouser Michallon ; Mlle Bourgeois, Mlle Roland, devenue Mme Lucas de Montigny ;
Mlles Lordon, Mlles Cartelier, mariées, l'aînée au

sommé. Les curieux futiles liront peut-être avec intérêt un de ces
documents : — 1re partie. 1° Concerto de piano de Dussek, exécuté
par Mlle L. D[umont]. 2° Air de *Jean de Paris*, de Boïeldieu, chanté
par M. C***. 3° Air varié pour le violon, de M. Baillot, exécuté par
M. N***. 4° Air de *Sémiramis*, de Catel, chanté par Mlle Dubois.
5° Concerto de flûte de Berbiguier, exécuté par M. Farrenc. — 2° partie. 1° Variations exécutées sur la guitare par Mlle Camus. 2° Air
de *la Journée aux aventures*, de Méhul, chanté par M. C***. 3° Pot
pourri pour piano et flûte, par MM. Blaze et Berbiguier, exécuté
par Mlle L. D. et M. Farrenc. 4° Romance de *Jeannot et Colin*,
de Nicolo, chantée par Mlle Dubois. 5° Fragment d'un concerto
de violon de M. Crémont, exécuté par M. Maussan. 6° Duo de
Françoise de Foix, de Berton, chanté par Mlle Dubois et M. C***.

statuaire Petitot, et la plus jeune, Fanny (moissonnée
au printemps de la vie, dans l'épanouissement du
bonheur), au peintre Heim ; Mlle Lesueur, Mlle Trézel,
nièce de l'artiste, fille du lieutenant général, le der-
nier ministre de la guerre de la monarchie de Juillet,
unie au savant naturaliste Milne-Edwards ; Mlle Stouf
(Mme Couderc), et les quatre demoiselles Bosse, dont
la plus âgée s'enorgueillissait de se nommer Victoire
et d'être née au mois de mars.

L'éclairage n'était pas somptueux. Et quels rafraî-
chissements modestes ! Des verres de sirop de gro-
seille ou d'orgeat, que les jeunes gens offraient eux-
mêmes. Dans les occasions solennelles, on faisait
la dépense d'un violon qui, celui-là, démanchait ;
parfois même, chez Pajou, qui était riche, on sou-
pait. A minuit d'ordinaire tout s'éteignait, lumières,
notes aiguës de la chanterelle, rires argentins, et l'antique monument rentrait dans l'ombre et le silence.

Jacques-Edme avait donc de nouveau un abri,
mais son atelier était bien grand pour le genre
de travail auquel il était réduit. En outre il avait
une qualité, d'aucuns diraient un défaut, qui en-
trava sa carrière : il ne savait pas solliciter, et flat-

ter encore moins. Aussi écrivait-il, le 6 fructidor an X, au sculpteur flamand De Vaere, avec lequel il s'était lié en Italie : « Les travaux sont rares et sont la proie de quelques artistes plus ou moins intrigants qui les ont accaparés. » Il ajoutait, en repassant les vicissitudes qu'il avait traversées depuis son départ de Rome : « Telle est la vie : contrariétés sur contrariétés, événements sur événements; un peu de philosophie en adoucit l'amertume; il en est que le temps seul peut effacer. » En dehors de son intérieur, que mère, femme, enfants, lui firent toujours doux et plaisant, il eut trop d'occasions d'appeler la philosophie à son aide. A bout de ressources, il avait demandé à exécuter un des prix obtenus au concours de l'an III; mais le ministre Chaptal lui répondit par une fin de non-recevoir dont il fut déconcerté, car il n'était rien moins que financier : « Vous êtes maître de vous occuper de ce travail... Mais l'ordre établi dans la comptabilité exige que la somme à laquelle il a été porté soit comprise dans la liquidation de l'année où vous l'avez obtenu. » Après, s'être fait expliquer cette dépêche amphigourique, il attendit des temps meilleurs. Un moment il crut

avoir conjuré le sort contraire. Chalgrin venait de
terminer le grand escalier du palais du Luxembourg, et, la préture ayant décidé qu'il serait orné
de quatorze statues en marbre, Dumont fut chargé
de représenter Marceau. Il était naturellement désigné pour un pareil choix, car il avait fait, en l'an X,
pour la galerie des Consuls, le buste en marbre du
général. Ce bel ouvrage, dont se sont inspirés tous
les artistes, Bouchot entre autres, qui ont eu à
reproduire Marceau, a péri dans l'incendie des Tuileries, mais le modèle en terre cuite est conservé
au Musée du Louvre, avec le buste en bronze d'une
femme inconnue et celui de M^mo Edme Dumont. Ce
dernier est un chef-d'œuvre d'expression et d'exécution ; jamais on n'a poussé à ce degré de perfection le travail du plâtre : aussi le Louvre l'a-t-il admis,
malgré la matière et comme une exception, dans
ses salles réservées aux marbres et aux bronzes. Il
a gardé une fraîcheur merveilleuse et semble sortir
de l'atelier. Jacques-Edme professait pour son buste
le culte pieux dont il avait entouré l'original, et dans
ses déménagements il ne remettait à nul autre qu'à
lui-même le soin de transporter le précieux fardeau.

Il se mit avec bonheur au travail intéressant qui lui était confié. Consciencieux et tourmenté par le besoin de rendre la nature avec exactitude, il avait obtenu que Sergent-Marceau lui prêtât la veste de son beau-frère, trouée au coude droit et au côté par la balle du chasseur tyrolien qui frappa le jeune et héroïque hussard. Ce fut encore pour Dumont une déception ; son esquisse achevée, il reçut la nouvelle que la préture renonçait à son projet de décoration du Sénat.

Le découragement commençait à s'emparer de l'artiste, quand un ami lui suggéra une heureuse idée. Ce personnage avait accès à la cour impériale ; il conseilla à Jacques-Edme d'offrir à l'impératrice Joséphine, et il se chargeait de le faire parvenir, un de ces délicats ouvrages qu'il voyait sortir si facilement de ses mains. Dumont modela, dans un diamètre de dix centimètres, un sujet à la Prud'hon, un *Amour sur un char traîné par des papillons*. Peu de temps après lui arrivait la commande d'un *Sapeur* pour l'arc de triomphe du Carrousel. Il exécuta sa statue d'après un vrai sapeur, autorisé à venir chaque jour poser dans son atelier. Cette façon de monter la garde plaisait infiniment au brave, qui, après la séance, était invité à « manger la soupe en famille ». On poussait la prévenance à son égard jusqu'à servir plusieurs fois par semaine du potage au potiron, dont il raffolait et qu'il appelait de la soupe « au panthéon ». Le succès du *Sapeur* lui amena la commande d'un bas-relief pour le même monument, *la Clémence et la Valeur.*

Il était redevenu statuaire. En 1808 il put offrir au public un de ses meilleurs ouvrages, au premier rang dans son estime, le Jean-Baptiste *Colbert* qui orne le péristyle de la Chambre des députés. L'empereur le remarqua dans sa visite au Salon; mais il décora Cartellier, qui à la vérité exposait *S. M. le roi de Hollande en costume de grand connétable.* Dumont avait pour cette statue la tendresse d'un père envers son enfant; il était toujours dans la crainte d'un accident et maudissait les fêtes qui rassemblaient la foule devant le Palais-Bourbon. Le lendemain d'une cérémonie officielle il ne manquait jamais de rendre une visite à son cher *Colbert;* un jour il eut la douleur de constater qu'un doigt avait été cassé, et il considéra comme une faveur la permission qui lui fut accordée de le restaurer à ses frais.

Il avait travaillé à l'immense bas-relief qui se déroule autour de la colonne Vendôme et il venait de mettre en place dans le grand escalier du Louvre deux bas-reliefs en pierre, *Vulcain* et l'*Histoire,* lorsque l'empire tomba. Malgré l'humiliation de la défaite et la douleur de voir l'ennemi à son foyer, Dumont éprouva à la chute de Napoléon, comme tous les Français qui ne vivaient pas dans les camps, un sentiment de soulagement. Un passage des Mémoires du comte de Villèle nous montre de quel poids en 1807 le régime impérial pesait déjà sur les cœurs. Il rentrait dans sa patrie par Bordeaux. « Le pilote fut la première personne de France que nous vîmes; il nous apprit la grande nouvelle du jour, la signature de la paix continentale à Tilsitt, et nous dit qu'il en était bien temps : car ces guerres continuelles faisaient une telle dépense de soldats, que si elles eussent continué il ne serait plus resté en France d'hommes en état de porter les armes. Enfin, se déboutonnant tout à fait et nous avouant ce qui le blessait personnellement, le pilote nous

confia que dans un an son fils allait être atteint par
la conscription ; « mais, ajouta-t-il avec une expression où se peignaient en même temps la crainte et
l'espérance, qui sait si d'ici là le diable ne se cas-
sera pas le cou. » L'âme de Jacques-Edme était serrée par la même angoisse que celle de ce pilote ;
chaque jour le rapprochait du moment où le fils qui
grandissait auprès de lui, s'annonçant déjà comme
un digne rejeton de la race, allait disparaître dans
le troupeau que le César pourvoyeur d'ombres con-
duisait triomphalement à la boucherie.

Le gouvernement des Bourbons n'eut au début
que des sourires pour Dumont ; coup sur coup il
reçut deux commandes importantes : en 1815 la
statue de *Malesherbes,* celle du *général Pichegru* en
1816. Mais, en dépit du mérite avec lequel il s'était
acquitté de sa tâche, la bienveillance royale s'arrêta
en chemin ; un œil-de-bœuf encore pour le Louvre,
et ce fut tout. Les autres travaux se partagèrent
entre les artistes qui en avaient été comblés par
l'empire. Primitivement le *Malesherbes* avait été
donné à Roland ; mais, le célèbre sculpteur étant
mort subitement, sa veuve avait obtenu que Dumont

lui fût substitué. « M. Roland, écrivait-elle au duc
de Blacas, moins soutenu par ses forces que par son
zèle pour le service du roi, avait le projet de se
faire aider par un de ses confrères dont il estimait
infiniment le talent, M. Dumont, demeurant à la
Sorbonne. » Jacques-Edme acheva son modèle[1] en
1817, et le marbre qui constitue le morceau le plus
apprécié du monument élevé en l'honneur du défen-
seur de Louis XVI, parut au Salon de 1819 à côté
du *Pichegru*. La statue du conquérant de la Hollande, exécutée en marbre dans une proportion de
dix pieds et érigée en 1826 à Lons-le-Saulnier, le
jour de la Saint-Charles, au milieu de la place de la
Liberté, a été brisée le 4 août 1830, par ordre de
l'autorité locale. Sur le piédestal, où tourna jusqu'en
1840 une girouette tricolore, on a placé en 1857
une autre victime de Napoléon, celle-là plus digne
d'hommage, le général Lecourbe.

Le marbre du *Pichegru* fut le dernier travail de

---

1. Dans une publication officielle ou quasi officielle se rencontre
cet étrange renseignement : « On sait que Roland a sculpté la
statue de Malesherbes pour le palais de justice de Paris. » (*Inventaire général des richesses d'art de la France. — Province. — Monuments civils*, t. III.)

Dumont ; il avait été désigné en 1827 pour faire le
monument que la ville d'Albi se proposait de consacrer à La Pérouse ; mais la souscription qui avait
été ouverte ne produisit pas la somme fixée par le
devis, et le projet demeura ajourné. Il renonça à la
vie artistique militante et se consola de l'oubli auquel il était condamné en jouissant des succès et de
la gloire de son fils, qu'il put voir entrer avant l'âge
de trente-sept ans dans la terre promise, c'est-à-dire
à l'Institut. Ses doigts si déliés ne restèrent pas inac-
tifs, et jusqu'à ses derniers moments il mania l'ébauchoir. C'est un souvenir de mon enfance : je vois
encore, rue de Bagneux, *papa Mont*, comme on
l'appelait familièrement, assis dans son fauteuil, un
bonnet de coton enfoncé jusqu'aux sourcils, ayant
sur sa table le *Journal des Débats,* qu'il lisait avec
conviction de la première à la dernière ligne, tenant
entre le pouce et l'index un bouchon lui servant de
selle et sur lequel il modelait des figurines auxquelles ne manquait aucun détail, et hautes pour la
plupart de cinq à six centimètres. Sa vieillesse, dont
les soins les plus tendres prolongèrent la durée,
ressembla au soir d'un beau jour, paisible et se-

reine. Le 21 février 1844 il s'était levé à quatre heures et demie. Mme Dumont, épouse et mère accomplie, le remit dans son lit; à six heures il sommeillait, à sept heures il ne respirait plus. Il avait passé sans trouble et sans secousse du sommeil à l'éternel repos.

L'homme fut des meilleurs; sensible, malgré la vivacité et la causticité de son esprit; d'une probité et d'une droiture exemplaires, franc jusqu'à la rudesse. L'artiste, par suite des nécessités de la vie, du peu d'encouragement des hommes en place, n'eut pas la bonne fortune de déployer toutes les ressources de son talent sérieux et flexible, passionné pour la vérité et nourri de fortes et sévères études, qui préservèrent son goût de la convention où se complurent ses contemporains. Il a laissé deux beaux ouvrages, *Colbert* et *Malesherbes,* sans compter des séries de statuettes et de médaillons en cire, en terre cuite, en bronze, d'un art achevé et dispersés dans des collections publiques et particulières.

Seul des Dumont, Jacques-Edme n'eut pas le titre d'académicien. Bien des rivaux qui ne le valaient pas l'emportèrent sur lui. Blessé par des choix qu'il

jugeait injustes, il eut souvent le tort d'écrire à
l'Académie dans des termes peu propres à recommander sa candidature ; le mot piquant venait au
bout de sa plume comme sur ses lèvres. Quand, au
retour des Bourbons, les anciens académiciens qui
n'avaient pu pénétrer dans l'Institut tentèrent de
reconstituer l'Académie royale de peinture et de
sculpture, il s'y fit recevoir et il signa, avec Vestier, Callet, Beauvallet, De Seine, une réclamation à
Louis XVIII contre le maintien de la quatrième
classe de l'Institut. Il ne fut même pas chevalier
de la Légion d'honneur ; il avait, en 1814, été « autorisé à porter la décoration du lys », comme tout
le monde.

V

AUGUSTIN DUMONT

1801-1884

Augustin[1]-Alexandre Dumont naquit le 16 thermidor an IX (4 août 1801) au palais du Louvre, ou, pour employer la dénomination alors en usage, au Muséum des Arts. Il ne reçut le baptême que beaucoup plus tard, le 13 octobre 1809 ; son parrain fut Augustin Dupré, graveur des monnaies de la République, l'ami de Franklin, artiste éminent, connu surtout de nos générations par ses deux compositions monétaires, dont les coins reparaissent avec la forme du gouvernement qui les fit frapper à l'origine. Augustin était le premier des trois enfants de Jacques-

---

1. Quoiqu'il ait signé dans toutes les circonstances : « Auguste Dumont, » le véritable prénom, comme le constate l'acte de l'état civil, est Augustin.

7

Edme Dumont et de Marie-Élisabeth-Louise, fille de
Laurent Curton, garde de l'argenterie de S. A. R.
Mgr Xavier de Saxe. Les deux autres furent des filles,
dont l'aînée, Jeanne-Louise, née le 11 prairial an
XII (31 mai 1804), a éclairé d'un rayon le nom
obscur qu'elle échangea contre le sien.

Je me reprocherais de faire apparaître cette
femme distinguée sans lui offrir au moins l'hommage de quelques lignes, puisque mon insuffisance
ne me permet pas de lui consacrer l'étude dévelop-
pée à laquelle elle a droit. Louise Dumont avait
manifesté de bonne heure des dispositions pour le
dessin, mais l'influence de sa marraine la détourna
de la voie qui s'ouvrait naturellement, et elle abandonna la peinture pour la musique. Cette marraine,
Mme Soria, que Jacques-Edme Dumont avait connue
à Rome et qu'il a immortalisée par un de ses plus
jolis médaillons, avait eu pour maître Clementi;
elle donna à son élève une excellente éducation
musicale, complétée dans la suite par les conseils
de Moschelès, de Hummel et, pour l'harmonie, de
Reicha. A dix-sept ans, quand elle épousa Aristide
Farrenc, musicien érudit, du goût le plus sûr,

Louise Dumont entrait dans le monde avec un talent achevé de pianiste et une instruction rare chez ses contemporaines, car elle parlait et écrivait purement les langues anglaise et italienne.

Tout en donnant des leçons de piano pour subvenir aux nécessités d'un ménage où l'opulence ne pénétra jamais, elle écrivit un grand nombre de morceaux tout particulièrement appréciés de Schumann. « Si un jeune compositeur me soumettait des variations comme celles de L. Farrenc, je l'en féliciterais grandement, tant pour les heureuses dispositions qu'elles révèlent que pour l'harmonieux épanouissement de ce talent dont l'œuvre en question[1] partout rend témoignage. Or le compositeur est une *compositrice,* M^mo Louise Farrenc. Cette particularité, je l'ai apprise assez tôt pour pouvoir la mentionner ici ; ces lignes approbatives au contraire n'arriveront probablement jamais à celle à qui elles s'adressent, et j'en ai grand regret. Nous avons donc devant nous de petites études vigoureuses et nettement tranchées, tracées peut-être encore sous

---

1. L. Farrenc, *Variations sur un thème russe,* œuvre 17 : *Recueil des critiques de Robert Schumann,* t. II.

les yeux du professeur, mais accusant un trait si sûr, un travail si intelligent, des morceaux, en un mot, si parfaits, qu'on se prend pour eux d'une affection réelle, d'autant plus qu'on y trouve partout répandu un fin parfum de poésie romantique. Les motifs susceptibles d'imitation se prêtent de préférence, comme on sait, à la variation; aussi voyons-nous Mme Farrenc faire du sien l'objet de toutes sortes d'ingénieuses combinaisons canoniques; il n'y a pas jusqu'à la fugue même qu'elle ne réussisse à en faire éclore, la fugue en renversement, diminution, augmentation, et tout cela habilement conçu et toujours mélodieux. »

Elle ne tarda pas à appliquer les précieuses facultés dont elle était douée à des compositions d'un genre supérieur, la musique de chambre et la symphonie. Ses trios, quatuors, quintettes, son nonetto, œuvre de premier ordre, ses trois symphonies, ravirent l'admiration des artistes et du public d'élite admis à les entendre, car, à l'exception de la troisième symphonie (en sol mineur), jouée aux concerts du Conservatoire, ces productions, où la richesse de l'invention le dispute à la solidité de la facture,

n'eurent le plus souvent qu'un auditoire restreint.
Leur auteur, selon l'opinion d'un critique compétent,
méritait pourtant d'être mise en communication
avec le grand public. « Chez Mme Farrenc, a dit
Fétis, l'inspiration et l'art d'écrire ont des proportions masculines. La tête a la force de conception
d'un maître. » L'auteur de la *Statue* et de *Sigurd* a
porté un jugement semblable[1] : « Elle eut peu de
rivaux et n'eut jamais de rivale dans l'art d'écrire.
Ses compositions, à part le mérite de l'inspiration
et de la facture, sont des modèles irréprochables
où les plus savants ne sauraient trouver ni une
incorrection ni une défaillance. » On peut affirmer,
sans excéder les justes limites, qu'en France elle va
de pair avec les compositeurs qui ont excellé dans
la musique de chambre et d'orchestre.

L'Académie des beaux-arts lui décerna à deux
reprises, 1861 et 1869, le prix fondé par M. Char-
tier pour l'encouragement de la musique instrumen-
tale. « Tous les amateurs de belle et bonne musique,
lui écrivait Halévy, tous ceux qui connaissent vos

1. *Journal des Débats,* 2 octobre 1875.

œuvres, applaudissent à la décision de l'Académie, que je suis heureux d'avoir à vous annoncer et à laquelle je me suis associé avec une conviction sincère. »

Cette femme, d'un esprit et d'un cœur si nobles, dont la modestie égalait le talent, a goûté les radieuses jouissances de l'artiste qui travaille l'œil fixé sur les sommets, mais elle n'a pas connu le bruit de la gloire. Le temps, justicier tardif, saura la mettre dans sa pleine lumière et son plein relief, et le nom de L. Farrenc s'imposera sur les programmes de musique classique, où les connaisseurs regrettent et s'étonnent de ne jamais le rencontrer.

Choisie en 1841, sur la présentation d'Halévy, pour donner des leçons à la duchesse d'Orléans, elle fut nommée en 1842 professeur au Conservatoire et, pendant trente années d'exercice, elle a formé de nombreuses virtuoses, héritières de la pureté de son style et de la délicatesse de son doigté[1].

---

1. Conjointement avec son mari, elle a élevé à la gloire des maîtres du clavecin et du piano des trois derniers siècles un monument impérissable, *le Trésor des pianistes*.

Un mal foudroyant l'emporta le 15 septembre 1875. La vie ne lui avait pas été clémente. Elle avait eu la douleur de perdre, en 1859, une fille digne d'elle sous tous les rapports, Victorine-Louise Farrenc, la plus remarquable de ses élèves, et qui donnait pour la composition des espérances qu'une maladie nerveuse, dont elle fut atteinte dès l'âge de vingt ans, ne lui laissa pas remplir. Pendant la courte période de temps où il lui fut possible de travailler, elle a écrit plusieurs études pour le piano et une douzaine de mélodies, gravées en partie.

La seconde des filles, Mlle Constance Dumont, survit aux siens. Élève de Meynier, elle a cultivé la peinture, mais en simple amateur. Restée au foyer domestique, elle consacra les plus belles années de sa vie à prolonger par des soins assidus la vieillesse de ses parents.

La vocation ne tarda pas à agiter l'âme d'Augustin. S'introduire dans l'atelier de son père, manier les ébauchoirs, pétrir la terre glaise, étaient le passe-temps préféré, la récréation favorite. Sa onzième année accomplie, Jacques-Edme voulut lui

faire commencer immédiatement son apprentissage ;
il pratiquait l'opinion, répandue parmi ses confrères,
qu'un artiste en savait toujours assez long quand il
lisait couramment et mettait approximativement
l'orthographe. L'ardeur d'Augustin répondait au
désir paternel, mais sa mère sut contenir cette effer-
vescence intempestive. Femme d'un grand sens, elle
comprenait d'instinct l'importance d'une instruction
solide et se rendait compte des ressources que ces
études classiques dédaignées pouvaient offrir au
développement de l'esprit d'un sculpteur ou d'un
peintre. C'était une femme au goût du cardinal de
Richelieu : « Celles doivent être dites les plus habiles
qui ont le plus de jugement. Je n'en ai jamais vu
de fort lettrée qui n'ait tiré beaucoup d'imperfection
de sa grande connaissance. » On l'a remarqué, et
la vie du grand homme d'État que je viens de citer
prouve la sagacité de l'observation : l'influence de
la mère sur l'éducation de l'enfant destiné à compter un jour dans le monde est prépondérante. Ici
même où il s'agissait de former un artiste, le père
étant un artiste de grand mérite, c'est la mère qui
l'emporta en prévoyance et en perspicacité. Elle fit

triompher son inébranlable décision, et Augustin
entra en 1813 dans l'institution fondée ou plutôt
rétablie à la fin du siècle sous l'invocation de
sainte Barbe par Victor de Lanneau, un maître
incomparable dont la mémoire demeura toujours
vivante au cœur de ses élèves.

Sur les mêmes bancs se rencontrèrent avec lui
un enfant appelé à laisser des traces dans notre
histoire, Eugène Cavaignac, et deux condisciples qui
devaient être ses camarades à la villa Médicis et
ses confrères à l'Institut, Henri Labrouste et Léon
Vaudoyer. Quoique son cerveau ne fût pas entièrement envahi par le grec et le latin, — ses cahiers de
devoirs surchargés de croquis en fournissent d'abon-
dantes preuves, — il se maintint avec régularité dans
les premiers rangs de sa classe. Parmi les notes
trimestrielles rédigées d'une main experte par V. de
Lanneau, j'en prends une au hasard : « Toujours
excellent sujet ; le goût du travail se soutient chez
lui et est secondé par une heureuse facilité ; ses
places sont bonnes ; ses progrès sont réels ; son
travail est appliqué et suivi ; on voit qu'il attache
du prix à appeler sur lui l'attention de son profes-

seur[1]. » Ce professeur, qui trente ans plus tard
n'avait pas oublié le nom de Dumont, était M. Desforges, fils de l'aventurier dont la plume brocha,
dans un accès de bonne humeur, *le Sourd ou l'Auberge pleine*. Excellent humaniste, il avait conquis
la faveur de ses disciples, moins grâce à ses doctes
commentaires que par l'élégance de ses culottes
collantes et de ses bottes à la Souvorow. J'ai connu
M. Desforges (si j'ose introduire dans mon récit un
souvenir personnel) professeur de rhétorique au
collège Louis-le-Grand, en 1845. Il était infirme à
cette époque, et ses jambes disparaissaient sous la
longue robe universitaire ; un domestique le portait
dans sa chaire avant l'ouverture de la classe. Hélas !
écoliers impitoyables, nous n'avions pas pour sa
personne la déférence méritée ; nous le trouvions
prodigieusement arriéré. Ne commettait-il pas l'hé-
résie de préférer Racine à Victor Hugo ? Mais quel
empire il reprenait sur nous quand il consentait
sans trop d'insistance à nous lire quelques scènes

---

1. Pourquoi ne copierais-je pas une seconde note au pronostic
si complètement réalisé ? Dans la case réservée au dessin on lit :
« Capable de réussir avec du travail. »

de Molière ou un acte des *Plaideurs* ! Jamais Sosie,
Orgon, Chrysale, Argan, Dandin, ne rencontrèrent
à la Comédie française d'interprète plus parfait.

Après la troisième, Augustin déclara que, malgré son admiration pour Homère et Virgile, il était
résolu à rompre le commerce qu'il entretenait avec
ces sublimes poètes au moyen de fastidieuses ver-
sions, ayant hâte d'entrer dans la carrière des
Dumont. Les notes du collège devenaient moins
bonnes ; parfois même il lui arrivait de *filer* avec
Pajou pour courir les bois de Meudon ou faire une
pleine eau en amont du pont d'Austerlitz. Le lendemain de ces escapades, un dialogue invariable s'é-
changeait entre lui et le directeur : « Pourquoi avez-
vous manqué la classe hier ? — C'était la fête de
papa. — La fête de M. votre père revient bien souvent. Je prendrai des informations. » Augustin savait d'ailleurs assez de latin pour être capable, et
longtemps après la sortie de Sainte-Barbe, d'expliquer un texte avec une facilité inconnue à la majorité
des bacheliers ès lettres. Il finit par l'emporter et
serra joyeusement au fond d'une armoire la petite
lanterne qu'il allumait l'hiver à cinq heures du ma-

tin pour se diriger dans les rues sombres et désertes
par lesquelles l'ancien hôtel de Chalon se reliait à
la Sorbonne.

L'enfance et la jeunesse d'Augustin Dumont s'é-
coulèrent entre les murs de la Sorbonne. Oh! le
paisible quartier, propice au travail et favorable au
recueillement! Le moindre bruit suffisait pour le
mettre en émoi. Un jour, les pavés résonnèrent sous
les sabots des chevaux, l'air se remplit d'un clique-
tis d'acier. Aussitôt toutes les fenêtres s'ouvrirent :
des têtes blondes, brunes et même blanches apparu-
rent, puis une bande d'enfants se précipita dans la
rue. Un spectacle inaccoutumé s'offrit aux regards.
Sur la place de la Sorbonne, des cavaliers immo-
biles, sabre au poing, et à la porte de la vieille
église de Cluny, servant d'atelier à David, une voiture arrêtée. La grande nouvelle vola de bouche en
bouche. L'empereur venait d'entrer chez son premier peintre. C'était la dernière visite, entre Elbe
et Sainte-Hélène, et, vaincu, il dut admirer le
tableau de *Léonidas aux Thermopyles,* dont, vainqueur, il avait vivement critiqué le sujet. Au bout
de quelques minutes d'attente, Napoléon parut, pen-

sif, soucieux, et remonta dans sa voiture, qui passa comme un éclair à travers la foule, remuée par des sentiments divers, les fils acclamant et applaudissant, les pères silencieux, le cœur gros de malédictions. C'est la seule fois qu'Augustin aperçut le grand capitaine qu'il devait plus tard faire revivre, déifié, sur la colonne triomphale. La vision ne s'effaça jamais de sa mémoire.

Quand il quitta Sainte-Barbe pour se donner sans partage à l'art qui l'attirait invinciblement, il avait seize ans ; toutes ses heures étaient remplies par l'étude, modelant dans la journée et le soir dessinant, toujours sous l'œil attentif de son père. Jacques-Edme, qui se servait du crayon et de l'ébauchoir avec une égale habileté, avait à cœur que son fils se perfectionnât dans un exercice indispensable à un sculpteur, et qu'à son tour Augustin ne se lassa jamais de recommander à ses élèves. Il tint même à le placer sous la direction d'Abel de Pujol, jugeant, par un excès de modestie, que les conseils d'un homme du métier devaient être supérieurs aux siens. Entouré des œuvres de ses ancêtres, guidé par un maître en possession de tous les secrets de la statuaire, le jeune homme développa rapidement les facultés qu'il avait reçues de la nature. Bientôt il n'eut plus de succès à demander à l'École des beaux-arts et se sentit en état de disputer le grand prix, de conquérir le rameau envié qui ouvre les portes de Rome. A ce moment Jacques-Edme, pour donner à son fils un appui dans les luttes prochaines, le fit entrer chez Cartelier, qui, membre de l'Institut, avait une grande influence dans les jugements, et dont l'atelier, rival de celui de Bosio, était coutumier de la victoire. Pour son coup d'essai Augustin se présenta au concours de 1821, et son bas-relief *Alexandre combattant dans la ville des Oxydraques* remporta le second grand prix, non sans avoir balancé le premier. L'année suivante le trouva moins bien inspiré, et l'Académie estima qu'aucune des rondes bosses (*Jason enlevant la toison d'or*) n'était digne d'une haute récompense. Plus indulgent que ses maîtres, il avait cru toucher le but; mais sa mère ne s'y était pas trompée. « Ne te fais pas d'illusions, lui avait-elle dit en revenant de l'exposition : ta figure n'est pas bonne, tu n'auras rien. »

Affligé, mais non abattu, il se prépara à prendre une prompte revanche. Les candidats admis au concours de 1823 étaient, dans l'ordre de réception : Dumont, Lanno, Desprez, Seurre (Émile), Debay, Brion, Duret, Dantan. Ils avaient pour sujet un bas-relief : *Évandre pleurant sur le corps de son fils Pallas*. La veille du jour où il devait composer l'esquisse exigée par les règlements, Dumont tomba gravement malade. Domptant le mal par un effort d'énergie, il se fit transporter dans la loge qui lui avait été attribuée, sous une des arcades du joli cloître de l'École des beaux-arts, et put remplir la première partie du programme. Mais le lendemain, épuisé, il dut reprendre le lit et vit se succéder quinze longs jours avant que ses forces lui permissent de retourner dans sa loge. A peu près rétabli, il se mit à l'ouvrage avec une ardeur si acharnée qu'il parvint à regagner le temps perdu. Il n'en avait pas fini avec la mauvaise fortune : une semaine avant l'expiration du délai accordé aux élèves, une inflammation des yeux, produite par l'excès du travail, vint paralyser ses derniers efforts et l'empêcha de terminer son bas-relief. Malgré cette légère imperfection, sa supériorité parut incontestable, dans un concours excellent où deux premiers grands prix furent décernés. Il obtint le premier, le second échut à Duret.

Cette production d'un élève offrait, dans la fraîcheur de leur éclosion, les qualités qui devaient caractériser le maître : le sentiment du sujet, la science de la composition,. l'amour de la forme, l'art de l'ajustement.

Les lauréats de 1823, Auguste Debay, Bouchot, Dumont, Duret, Duban, les musiciens Boilly et Ermel, auxquels s'était adjoint Fontaine, neveu de l'architecte des bâtiments de la couronne sous l'empire, second grand prix d'architecture de l'année précédente, partirent de Paris dans le milieu du mois de novembre. C'était un voiturier de la rue Gît-le-Cœur qui avait alors le privilège de transporter les voyageurs à Rome; il se chargeait en outre, pour un prix débattu, d'héberger et de nourrir ses clients. La route se faisait gaiement, souvent à pied, avec des repos multipliés par le caprice ou la curiosité de voyageurs novices, dont la plupart ne s'étaient pas aventurés plus loin que Saint-Cloud.

Dumont avait été jusqu'au Havre, grâce à la largesse d'un mouleur assez désintéressé pour retenir seulement cent quarante francs sur un buste payé deux cents.

Nul incident en France; le journal de voyage est muet. La neige et la pluie faisaient rage sur le versant occidental du mont Cenis; mais, à la descente, la température s'était adoucie, le ciel s'était rasséréné, et l'Italie se montrait sous son aspect de terre promise, cette Italie inondée de lumière et de parfums, enivrée des chants divins de Rossini. Par Turin, Milan, Parme, Bologne, on gagna Florence. Là, Dumont reçut d'Ingres, pour qui il avait une lettre de recommandation, l'accueil le plus cordial. Le grand peintre le conduisit chez son ami Bartolini, qui, devant les Français, ne manquait jamais de se vanter d'être un sculpteur français. Le plus vif étonnement du jeune pensionnaire dans l'atelier du rival de Canova fut causé par la vue de deux cents bustes au moins, tous ayant été exécutés en marbre. « Il est plus occupé que nos sculpteurs, » écrit-il mélancoliquement à son père. Dans cette lettre, où il donne sur le pays d'outre-monts sa première impression réfléchie, il ajoute : « Plus j'avance ici, plus je vois combien ce voyage est indispensable pour un artiste. » Enfin les voyageurs prirent le chemin de Rome. A quelques milles, aux environs de la Storta, ils rencontrèrent une troupe joyeuse, partie à cheval, partie montée plus prudemment sur des ânes, accourue pour leur souhaiter la bienvenue ; c'étaient les hôtes de la villa Médicis, accompagnés des compatriotes de passage. Après avoir fait au tombeau de Néron la halte traditionnelle et bu, à plein verre, le petit vin sucré d'Orvieto, le voiturin et son escorte entrèrent solennellement dans la Ville éternelle, le 4 janvier 1824.

Quelle fut l'émotion du nouvel arrivé quand, à son réveil, ouvrant sa fenêtre du monte Pincio, il aperçut au-dessous de lui « Rome entière comme un vieux nid d'aigle abandonné » ! Heure fortunée entre toutes celles de sa vie, où l'avenir chargé de promesses lui souriait à l'égal du présent ! Il était à Rome, dans la réalité de son rêve, porteur d'un nom cher aux arts depuis un siècle passé, en possession d'un talent signalé par un brillant début, paré des grâces de la jeunesse et de la nature.

Bouchot a représenté, vers cette date, celui que les
dames romaines désignaient de la façon la plus
reconnaissable en l'appelant le « beau pensionnaire » : imberbe, avec de grands yeux superbement
enchâssés, des yeux d'un bleu clair qui se pénétraient
de douceur et de tendresse quand ils perdaient leur
expression ordinairement sérieuse, le nez un peu
fort, mais d'un dessin ferme, le front large, ombragé
par une abondante chevelure châtaine naturellement bouclée.

Lui-même nous donne l'impression que lui fit
éprouver sa nouvelle résidence, dans sa première
lettre de Rome (15 janvier 1824), où l'artiste s'efface
devant le fils pieux et le frère affectionné :

« La villa Médicis est un endroit charmant, peut-
être le mieux situé de Rome. Je m'y plairais beaucoup, si je n'étais éloigné de vous. Mais toutes les
belles choses dont je viens de vous parler ne peuvent me tenir lieu du bonheur que je goûtais auprès
de vous. Je suis souvent bien triste, le soir surtout,
quand, rentrant dans ma chambre, je me trouve
seul au moment où j'avais coutume d'être avec vous.
Je ne vois plus cette bonne maman ni l'espiègle

Constance; je n'entends plus le piano de Louise ni
la flûte d'Aristide; je ne puis plus causer avec papa.
Il faut avoir du courage pour supporter tout cela. »

Dès le lendemain de son arrivée, il avait parcouru
en tous sens la ville des Césars et des Papes et pris
rapidement sa part de propriété des chefs-d'œuvre
qui allaient lui appartenir pendant près de sept
années. A la date du 15 avril 1824, il écrivait :
« Rome devient tous les jours plus belle pour moi. Je
commence à la connaître passablement, et je crois
que quand je la quitterai je connaîtrai jusqu'au
plus petit coin. Je ne puis exprimer ce que j'éprouve
à la vue de ces temples, de ces arcs de triomphe,
de ces aqueducs, de ces tombeaux et de tous
ces monuments élevés par les anciens Romains.
Ma promenade favorite est le Campo Vaccino. Je
vais souvent m'y promener le soir. Vous ne pouvez
vous figurer le plaisir que j'éprouve à parcourir, par
un beau clair de lune, les ruines du Colisée. Tout
est alors dans le plus grand silence, et rien ne vient
distraire des pensées auxquelles on se livre. » —
« Quiconque, écrivait Chateaubriand lors de son premier séjour en Italie, s'occupe uniquement de l'étude

de l'antiquité et des arts, ou quiconque n'a plus de
liens dans la vie, doit venir demeurer à Rome. Là il
trouvera pour société une terre qui nourrira ses
réflexions et qui occupera son cœur, des prome-
nades qui lui diront toujours quelque chose. »

Augustin connaissait Rome plus intimement
encore que ceux qui en ont été le plus épris, en
amant ou en archéologue, comme Bayle ou Am-
père. Jacques-Edme avait mis plus d'un an à s'ac-
climater; lui, dès le premier regard, sentit et goûta
le charme de cette terre qui laisse dans l'âme de tous
ceux qui y ont passé un éternel souvenir. Il en était
ainsi autrefois. L'attrait ne s'est-il pas émoussé
depuis? le parfum un peu évaporé? Sur la fin de sa
vie, Dumont étonnait par la fraîcheur et la netteté
de ses réminiscences les jeunes artistes revenus de
la veille, les yeux encore pleins des merveilles de
la Ville unique.

Il employa sa première année, pendant l'ébauche
du *Jeune Faune jouant de la flûte,* qu'il avait choisi
pour son travail de copie, à meubler sa mémoire,
tantôt visitant les églises, les palais, les musées,
tantôt errant à l'aventure par les rues et les fau-

bourgs, tantôt parcourant, de la Sabine à la mer,
cette admirable campagne romaine infinie et déso-
lée. A tout moment il est à Tivoli, à Frascati, à
Albano, « où les femmes sont si belles », à Némi, à
Terni ; il pousse même jusqu'à Cori, à la recherche
du domaine d'Horace (*Hoc erat in votis*), mais sans
dépasser Pérouse, toujours à pied, le sac sur le dos,
le bâton à la main, prenant gaiement son parti des
mauvais repas et des nuits troublées par ces odieux
ennemis que les entomologistes appellent décem-
ment des géocorises. Sans doute il demande par-
dessus tout à ces beaux lieux la satisfaction des
yeux, les spectacles de l'art ou de la nature, mais il
ne dédaigne pas de recueillir une chronique d'autrefois ou un épisode romanesque, de noter un de ces
miracles à la saint Janvier, ainsi que l'Italie supers-
titieuse ou candide dans ses supercheries en montrait même aux fils de Voltaire et de Championnet.

Après avoir terminé sa copie et prouvé son habileté à employer le ciseau et la râpe, il se mit en
devoir d'exécuter le bas-relief réclamé par l'Académie aux pensionnaires de seconde année. Le sujet
auquel il s'arrêta fut *Alexandre* assis et tenant à la

main une boule d'argent prête à tomber dans l'urne placée à ses pieds, au cas où le sommeil le surprendrait pendant le travail; cette figure, d'une composition agréable, d'une étude serrée, fut soumise, en 1825, au jugement de l'Institut, avec un buste de dame romaine très apprécié de Guérin [1] et une tête de jeune fille coiffée d'une couronne. Le modèle de ce ravissant ouvrage (traduit depuis en marbre à plusieurs exemplaires) a été l'héroïne d'un roman qui eut un dénouement douloureux, comme la plupart des vrais romans, ceux de la vie et du sang. Passionnément épris de l'aimable Rosa et dévoré du désir de s'unir à elle, Dumont avait écrit à sa famille pour annoncer ses projets. Au moment de confier la missive à la poste, il songea à son père vieilli et oublié dans la distribution des travaux, à sa mère et à sa plus jeune sœur qui comptaient sur lui pour assurer la dignité de leur existence ; alors, sacrifiant l'amour au devoir, il anéantit la lettre qui pouvait affliger, bouleverser les siens. Quelques lignes de la correspondance paternelle de cette

1. Ce buste, qui se trouvait encore dans l'atelier de Dumont après sa mort, a disparu.

même année 1825 nous expliquent sa cruelle et virile détermination. « A présent plus que jamais on n'obtient quelque chose que par l'intrigue et les démarches basses et avilissantes. Comme je méprise de pareils moyens, je dois en conséquence avoir peu à espérer. » Que les temps sont changés !

Venir le plus tôt possible en aide à sa famille était sa préoccupation constante. « Que fait papa maintenant? A-t-il quelques travaux? Je voudrais être à Paris afin qu'il ne travaillât plus. Encore un peu de patience, et je ferai en sorte qu'il n'ait plus qu'à se reposer. »

Pour sa troisième année d'étude, il devait une figure ronde bosse. Trois sujets l'attiraient, sur lesquels on le voit consulter son père et même M. Cartelier, par un sentiment de respectueuse condescendance envers un maître *ad honores : Ulysse reconnu par son chien, Psyché endormant le dragon, Bacchus tuant d'un coup de sarment le serpent envoyé contre lui par Junon.* « C'est un sujet, écrivait-il à propos du troisième, qui n'a pas été traité et qui présente une jolie nature à étudier. » Puis, se ravisant soudainement, il indique le projet qui l'a fixé.

« J'ai fini l'esquisse de ma figure (avril 1826). C'est du gracieux que je vais faire. Le sujet est *l'Amour tourmentant l'âme*. D'une main il tient le papillon symbole de l'âme, et l'approche d'un flambeau allumé, exprimant le feu dévorant dont il consume l'âme par lui maîtrisée. La tête est charmante à faire ; mais quelle difficulté de créer la tête de l'Amour, de lui donner ce sourire malin qui indiquerait le plaisir éprouvé par ce dieu en voyant les maux qu'il fait souffrir ! Il faudrait pouvoir réussir comme le Tasse dans le portrait qu'il a tracé :

> Egli, benchè sia vecchio
> E d'astuzia e d'etade,
> Piccolo si, che ancor fanciullo sembra
> Al volto ed alle membra... »

Cinq mois après, il avait donné une forme à cette ingénieuse idée, tirée de ses propres entrailles et qui trahissait le secret d'une blessure toujours saignante. *L'Amour tourmentant l'âme* est une œuvre de fraîche jeunesse, aussi charmante de composition que d'étude. La pose du dieu est gracieuse, naturelle et vraie ; la tête, tout à fait réussie, respire cette malice naïvement cruelle que l'artiste estimait si diffi-

cile à rendre. Lorsque Guérin, qui dirigeait l'Académie de France avec la haute autorité du talent
et du caractère, vint voir la statue de son pensionnaire préféré, il s'écria : « Il faut l'envoyer à Paris,
en marbre ! » C'était le plus vif désir, l'ambition du
jeune homme ; mais, ses uniques ressources prove-
nant de la munificence de l'État, il se trouvait dans
l'impossibilité de pourvoir aux dépenses occasion-
nées par l'acquisition du marbre et le salaire du
praticien ; il ne le cacha pas au directeur. « Ne
suis-je pas là ? répliqua celui-ci. J'espère que vous
ne me refuserez pas une avance de mille francs.
Vous me rembourserez sur la vente de votre
statue. » Dumont, pénétré d'émotion et de reconnaissance, accepta sur-le-champ l'offre généreuse
qui lui permettait de réaliser une espérance ajournée
à des temps plus prospères. Le marbre immédiatement acheté et livré au praticien, il mit à profit ses
loisirs, et, prenant la grande volée, partit pour
l'Italie méridionale (avril 1826).

Naples ne lui causa pas l'enthousiasme consacré
par un dicton qu'il n'est plus permis de répéter. Il
exhale son mécompte en homme familier avec les

classiques : « Enfin me voilà chez moi, dans une
vilaine petite chambre située dans une vilaine
petite rue sale, ayant devant moi une grande maison qui m'empêche de voir le ciel. La nuit, c'est
un bruit épouvantable, je ne puis fermer l'œil.
Quand les uns se couchent, les autres se lèvent. Si
je sors, je suis heurté par un polisson, un autre me
crie dans les oreilles, une voiture m'éclabousse, on
manque de m'écraser ; enfin je crois que c'est la
ville du diable, et peut-être encore le diable y per-
drait-il la tête. Le séjour de Rome, cette ville si
calme et si imposante, m'a probablement fait perdre
l'habitude des villes peuplées et bruyantes. » Mé-
nechme pousse les mêmes plaintes en débarquant
à Paris :

Quel bruit confus ! quels cris ! Je crois qu'en cette ville
Le diable a pour jamais élu son domicile.

Naples n'était pas une résidence chère aux artistes. Duret, qui avait dû accompagner son ami et
qui ne fit la tournée que l'année suivante, profère
de semblables malédictions : « Au diable les Napo-
litains et leurs fêtes ! Figure-toi, mon cher ami, que

je ne commence à dormir que depuis hier. On tirait
tant de coups de fusil, tant de pétards... La ville
de Naples me semble une mauvaise charge de Paris.
Enfin si je n'avais pas vu le Musée et surtout les
bronzes, je serais bien fâché d'être venu ici.
(Décembre 1827.) » Il y a dans le cas de Duret un
peu d'ingratitude, car il rapporta de cet enfer ses
ouvrages les plus populaires, le *Jeune pêcheur dan-
sant* et l'*Improvisateur*.

Une autre cause contribuait à alimenter la mé-
chante humeur de Dumont. Venu à Naples surtout
pour voir et dessiner les antiques, il ne pouvait
arriver à s'introduire dans le sanctuaire. « Croirez-
vous que depuis vingt jours que je suis ici je n'ai
pas encore pu avoir ma permission pour travailler
au Musée ? Que d'ennuis on éprouve dans ce maudit
pays ! Tout cela est la faute de notre ambassadeur,
qui est très négligent quand il s'agit d'être utile à
ses compatriotes. Le diable soit de lui et de ses
secrétaires ! » Cet ambassadeur, fidèle aux traditions de la diplomatie française de tous les régimes,
était M. le duc de Blacas d'Aulps, le favori de
Louis XVIII, trop grand seigneur, au surplus,

comme le constatait Guérin avec amertume, pour
stimuler le zèle des autorités en faveur d'un simple
artiste. Et pourtant la plupart des biographes le
traitent d'amateur éclairé et de protecteur des
arts! Pour se dérider et se rendre familier le dia-
lecte du pays, Dumont passait ses soirées au théâtre
Carlino, qui réjouissait la populace à nos dépens,
avec *gli Appassionati per la medicina de Leroi,* et
aux siens par son *Pulcinella flagellato dal suo
padrone;* mais les lazzis de l'idole napolitaine ne
calmaient pas son impatience. Enfin la permission
arriva! Le lendemain le Musée, mis à la disposition
des artistes modernes pour leur exposition annuelle,
était fermé aux études pendant quinze jours. C'en
était trop, du coup il se sauva de Naples, monta
deux fois au Vésuve et vécut dans les merveilles
retrouvées de Pompéi et d'Herculanum. Rien ne
l'arrêtait quand il s'agissait de satisfaire son inépuisable curiosité et de compléter son éducation; aussi
décida-t-il M. Jean Gigoux à le suivre à Pæstum,
ce qui constituait à cette époque une entreprise
assez périlleuse; un jour le guide leur montra la
place où deux Anglais avaient été assassinés l'année

précédente. « Quel intéressant voyage que celui de Pæstum ! Que la route est belle et pittoresque ! Je n'oublierai jamais les trois jours que j'y ai employés. Partout des villages charmants ; mais Salerne est la seule ville importante que l'on rencontre. La cathédrale conserve des antiquités curieuses trouvées à Pæstum. J'y ai vu plusieurs tombeaux antiques, et un Triomphe de Bacchus à côté d'un Christ : le contraste est étrange, mais il n'est pas rare en Italie. Je me souviens d'avoir vu dans la sacristie de la cathédrale de Sienne un groupe des trois Grâces entièrement nues... J'ai passé le fleuve Silaro et suis entré dans la plaine de Pæstum. D'une ville si ancienne et si puissante que reste-t-il aujourd'hui ? Trois temples ! C'est la première architecture grecque qui s'offre à mes regards. Pendant trois heures, errant au milieu de leurs ruines, je n'ai cessé de les admirer. Quelle simplicité ! quelle majesté ! quelle admirable harmonie de proportions ! En approchant du grand temple, un serpent sortit des broussailles ; en entrant dans le sanctuaire, une nuée de corbeaux s'envola du milieu des débris. Tels sont donc à cette heure les habitants d'un

édifice où un peuple entier se rendait en foule
pour adorer la divinité ! Quelques masures éparses
autour de ces précieux restes de l'antiquité servent
à loger de misérables pâtres qui, seuls, troublent
du son de leur flûte barbare le silence parlant de
ces lieux ! »

A son retour à Naples, l'exposition des artistes
modernes, dont le plus en vue était le séduisant
Cottrau, hôte assidu des salons de la reine Hortense
réfugiée à Rome, avait pris fin. « Je passe presque
toutes mes heures au Musée. J'aime les beaux-arts
plus que jamais. Je regrette le temps perdu, je ne
pense plus qu'à travailler. L'amour de la gloire
s'est, je crois, décidément emparé de moi. Je voudrais pouvoir devenir un homme ! » Et à l'approche
du départ : « J'ai beaucoup travaillé ici. Ce voyage
n'a pas été pour moi un voyage de repos. J'ai fait
une cinquantaine de croquis très arrêtés. » Beaucoup de ces croquis sont de superbes dessins que
n'aurait désavoués aucun de ses camarades peintres.
Il ne pouvait s'arracher à la contemplation des
chefs-d'œuvre repris aux cendres de Pompéi ou aux
laves d'Herculanum. Les peintures étaient l'objet

d'une étude acharnée; il cherchait à surprendre la grâce et l'abandon répandus dans ces fragments d'un art incomparable. Hors des salles du Musée, son crayon ne restait pas inactif; la rue, le port, la campagne, lui offraient à chaque pas des modèles et des sujets. Les pages de son album sont couvertes de croquis pris en courant, dans le creux de la main, et de l'accent le plus sincère; ici une contadine aux atours pittoresques, là un facchino, un pêcheur dont le geste est expressif, l'allure mouvementée, souvent un groupe d'hommes ou de femmes formant tout naturellement la plus heureuse composition.

Malgré les séductions de Naples, avec laquelle il s'est réconcilié, et des sites enchanteurs qui l'environnent, sa prédilection est pour Rome. « Je ne saurais vous dire le plaisir que j'éprouvais en approchant de cette belle ville. Ses campagnes désertes sont préférables pour moi aux jardins délicieux du royaume de Naples. On admire cette campagne cultivée, ces jardins d'orangers, de myrtes, d'oliviers : on pense, lorsqu'on est au milieu de cette plaine immense, couverte de tombeaux, d'aqueducs, de monuments enfin, reste de la grandeur d'un peuple. »

En rentrant, il trouva sa figure ébauchée ; il la reprit avec un soin extrême, lui donnant ce fini auquel le praticien le plus exercé ne saurait atteindre et qui est la marque personnelle, la signature du maître. A l'exposition des ouvrages des pensionnaires, elle obtint un succès de bon augure. « Je n'ai pas lieu, écrivait-il à un ami, dans un ton qui n'est pas ordinairement celui de sa correspondance, d'être mécontent de l'accueil qu'on a fait ici à mon jeune polisson. Je souhaite qu'il soit reçu de même à Paris. » Le souhait ne manqua pas d'être accompli. L'*Amour tourmentant l'âme,* après avoir été, à l'Académie des beaux-arts, l'objet d'un rapport favorable, fut compris dans les acquisitions faites par le roi au Salon de 1827. Duret, qui avait quitté Rome avant la fin de sa pension, formulait ainsi son impression de Parisien : « Je me suis empressé d'aller au Louvre, et j'y ai pu voir encore une partie des ouvrages achetés et commandés par le gouvernement. Sans vouloir te faire de compliment, ta figure est ure des mieux du Salon. » Auprès d'elle étaient rangés : le groupe de Ramey, *Thésée combattant le Minotaure;* celui de Roman, *Euryale et Ni-*

sus, le *Chasseur blessé* de Petitot et le *Spartacus* de Foyatier. L'éloge avait donc doublement son prix[1].

Tout en mettant la dernière main à son *Amour,* Dumont s'était préoccupé de l'envoi de cinquième année, le plus important de tous, celui qui souvent classe l'artiste et lui assigne son rang définitif. Il avait hésité entre deux sujets héroïques, d'une importance considérable : *Ulysse tué par son fils Télégone et mourant dans ses bras, Harmodius et Aristogiton.* Plusieurs croquis de ce dernier sujet ont été retrouvés dans ses cartons, un entre autres de la plus fière tournure et que possède son confrère et fidèle ami M. Robert-Fleury. Il se détermina pour un groupe moins compliqué, *Bacchus enfant élevé par la nymphe Leucothée.* « Malgré les grandes chaleurs que nous éprouvons depuis une huitaine de jours, je viens de commencer mon modèle. Vous voyez que je me donne une tâche assez difficile.

1. La malechance a poursuivi cette jolie figure. Le papillon en bronze doré qui symbolise l'âme a toujours tenté la cupidité. Une première fois, au musée du Luxembourg, le papillon fut volé avec le doigt qui le tient. Soigneusement réparé, l'*Amour* fut transporté au musée d'Amiens, où il a éprouvé le même sort. Aucune restauration n'a été faite, et, si la forme n'a pas perdu, l'idée est devenue inintelligible.

Deux raisons m'ont engagé à faire ce groupe. D'abord parce que, cet ouvrage étant le dernier que je ferai à Rome, je ne suis pas fâché d'étudier ce que je n'ai jamais étudié, une femme, un enfant et des draperies. Ensuite parce que, pouvant placer deux figures dans un bloc de marbre de la grosseur de ceux que l'Académie nous accorde, je pourrai produire un travail plus important. (7 juillet 1827.) » Dans le milieu de mars de l'année suivante, le groupe était achevé. N'étant plus retenu dans son atelier, il décrocha le bâton du voyageur et partit avec un compagnon bien-aimé, Émile Seurre, son heureux rival dans le concours de 1831 pour la statue de Napoléon.

La Sicile était l'objectif des deux amis ; ils débarquèrent à Palerme, trop tôt pour voir les fêtes magnifiques célébrées par la ville en l'honneur de sainte Rosalie. Ce voyage en Sicile, rendu facile à notre époque de progrès matériels qui transforme en voies ferrées les montagnes et les fleuves, présentait en 1828 des obstacles de toute nature. Il fallut renoncer aux habitudes pédestres dans des sentiers aussi impraticables pour les piétons que pour les voi-

tures. C'est presque toujours à cheval, précédés
d'un guide, qu'ils firent le tour de l'île, à travers les
ruines et les misérables villages du pays, dînant à
la grâce de Dieu, dormant tantôt dans une auberge
délabrée, tantôt dans une hutte de paysan, quelquefois sous la voûte étoilée. Un demi-siècle après, il
n'était pas permis davantage de se montrer raffiné
sur le choix d'un abri. Vers 1854, un jeune architecte qui devint le confrère de Dumont et un des
plus chers amis de la dernière partie de son existence, était en Sicile pour relever le théâtre de
Taormine. A Giardini, il ne trouva à se loger que
chez un ancien bandit rentré dans la bonne voie et
qui, au lieu de voler les voyageurs sur la route, les
dévalisait sans risques et sous l'œil bienveillant des
magistrats, en sa qualité d'aubergiste.

Un soir, entre Selinonte et Girgenti, Dumont et
Seurre eurent l'honneur d'être logés aux frais d'une
municipalité. « Arrivés à Menfrici, nous sommes
arrêtés par les gardes et conduits, sous bonne escorte, chez le syndic, qui commande qu'on nous
donne l'hospitalité. Toujours entourés d'hommes
armés, nous sommes menés dans une vieille mai-

son dont on ferme les portes, et on nous introduit
dans une pièce sans autre mobilier que les murs ;
un peu de paille, et nous voilà couchés. » A Syracuse, ils aperçoivent dans le port une speronara
prête à faire voile vers l'île de Malte avec un char-
gement de cerises ; le patron les hèle, et nos cher-
cheurs d'inconnu vont découvrir la Valette. Quelques heures de traversée pour entendre la musique d'un régiment anglais, c'était acheter son
plaisir à bon marché ; mais quel retour ! Les vents
contraires les tiennent cinq jours et sept nuits en vue
de Catane, ayant pour toutes provisions un peu de
pain moisi. De Catane, où il rencontra Brascassat[1],
avec lequel il se lia de la plus étroite amitié, Dumont termina par Messine et Reggio l'excursion
qu'il avait failli poursuivre jusqu'à Athènes et qu'il
abrégea, non sans crève-cœur, faute d'argent. Le
désir des voyageurs était de revenir à Rome à travers les montagnes de la Calabre. L'antiquité disait
Calabria ferox ; l'épithète était encore juste, et sous
le sceptre des Bourbons les brigands y tenaient pai-

1. La collection d'A. Dumont renferme une charmante vue de
Catane, donnée par Brascassat en mémoire de la rencontre.

siblement la campagne. Bien que les sacs et les
bourses de nos deux artistes fussent maigrement
garnis et qu'ils eussent des mines assez rébarbatives,
grâce à leurs longues moustaches, pour avoir épou-
vanté la population des îles Lipari, ils renoncèrent,
sur les conseils des gens du pays, à leur imprudent
projet, et rentrèrent à la villa Médicis par des routes
plus sûres.

Dumont a résumé ses impressions de voyage dans
une lettre adressée des lieux mêmes à un ami, et
dont j'extrais une quarantaine de lignes. Peut-être
ne les lira-t-on pas sans intérêt. C'est un coup d'œil
jeté sur la Sicile d'il y a cinquante-six ans : « Tu
dois comprendre le plaisir que j'ai éprouvé à parcourir cette terre classique. Les ruines de Sélinonte,
de Ségeste, de Girgenti, de Syracuse, cette ville
fameuse, ont été pour moi une source de souvenirs
et de jouissances. Je suis monté au sommet de
l'Etna. Quel terrible phénomène ! Les mugissements
épouvantables du volcan, la fumée qui sortait du
cratère, les nuages qui roulaient à mes pieds, tout
ce mélange de beau et d'horrible me faisait une impression qui jamais ne s'effacera de ma mémoire.

J'éprouvais un froid aussi vif que dans les jours les
plus rigoureux de nos hivers. Je marchais sur la
glace, la neige me couvrait de la tête aux pieds, et
c'était le 9 juin... La végétation est admirable, surtout dans les environs de l'Etna ; nous avons mesuré
deux arbres, dont l'un a trente-cinq pieds de cir-
conférence et l'autre soixante. Le palmier, le lau-
rier-rose, l'aloès, le myrte, le figuier d'Inde, l'oran-
ger, le citronnier, y croissent en abondance et font
l'ornement des routes. Généralement le peuple est
laid. Je n'ai pas rencontré ces beaux types grecs que
je m'attendais à y voir. Ce pays a été habité par
trop de nations diverses ; il en est résulté un mélange qui a tout dénaturé. Il faut ajouter que le
peuple est dans la dernière misère, ce qui, je crois,
contribue à l'enlaidir un peu plus. Comment des
gens qui souffrent toujours et qui ont à peine de
quoi se nourrir pourraient-ils ne pas dégénérer en
se reproduisant ? Le spectacle d'une si grande misère dans ces belles contrées, où il semble que le
bonheur devrait être le lot de tout ce qui respire,
est une chose qui attriste et afflige profondément.
Malheureux peuples, pourquoi restez-vous esclaves ?

Brisez vos chaînes et vous serez heureux! Sous le rapport des beaux-arts, l'architecture offre seule de l'intérêt. Les temples de Ségeste et celui de la Concorde à Agrigente sont de la plus belle conservation et des modèles de goût, de pureté et de noblesse; enfin ce sont des temples grecs. En sculpture, je n'ai trouvé de bien qu'un sarcophage dans la cathédrale d'Agrigente et une Vénus à Syracuse; encore ne sont-ce pas des ouvrages de premier ordre. Quant à la peinture, toujours les mêmes saints et les mêmes madones, dont j'ai par-dessus la tête; mais j'ai longuement admiré les belles collections de vases grecs et étrusques. »

De 1828 à 1829, de la chute du ministère Villèle à l'avènement du ministère Polignac, la France eut pour la représenter auprès du gouvernement pontifical le plus illustre de ses enfants, Chateaubriand. Le grand écrivain ne ressemblait pas à M. de Blacas; il s'était mis en frais et déployait, pour gagner les bonnes grâces des artistes, autant de coquetterie que s'il eût eu à conquérir des cœurs féminins. Il avait accepté une invitation à la villa Médicis, à la table de Guérin, et le 13 décembre 1828, en racon-

tant sa réception à Mme Récamier, il se montrait
aussi content des autres que de lui-même : « Mon
dîner à l'Académie s'est passé à merveille. Les
jeunes gens étaient satisfaits : un ambassadeur venait
dîner chez eux pour la première fois. » L'auteur
des *Mémoires d'Outre-Tombe* ne s'était pas trompé
sur l'effet produit par sa présence, comme nous le
prouve un passage d'une lettre de Dumont écrite le
12 du même mois : « Il est impossible d'être plus
aimable que notre nouvel ambassadeur. » Il l'était
pour les vivants et aussi pour les morts, car, on
le sait, il fit élever à ses frais, dans l'église San-
Lorenzo in Lucina, un monument à Poussin.

La pension de Dumont et le directorat de Guérin
se terminaient avec l'année 1828. Tous deux restèrent à Rome, le pensionnaire retenu par son travail, le directeur arrêté par la maladie dont il souf-
frait depuis longtemps et qui devait le faire languir
encore cinq ans. Horace Vernet remplaça Guérin
dans ses délicates fonctions, celui-là aussi vif, aussi
remuant que l'autre était grave. Chateaubriand, en
quelques coups de sa plume plus colorée que la
brosse des peintres de *Didon* et du *Maréchal Moncey,*

nous les peint tous les deux dans leur attitude si
opposée. « Guérin est retiré, comme une colombe
malade, au haut d'un pavillon de la villa Médicis. Il
écoute, la tête sous son aile, le bruit du vent du
Tibre. Quand il se réveille, il dessine à la plume la
mort de Priam. H. Vernet s'efforce de changer sa
manière ; y réussira-t-il ? Le serpent qu'il enlace à
son cou, le costume qu'il affecte, le cigare qu'il
fume, les masques et les fleurets dont il est entouré,
rappellent trop le bivouac. »

Dumont avait encore augmenté la tâche déjà lourde
qui retardait son départ, en acceptant, avec empres-
sement d'ailleurs, de reproduire l'image d'un artiste
qu'il admirait, d'un homme qu'il vénérait. Il était
d'usage que le plus ancien des pensionnaires sculpteurs se chargeât de faire le buste du directeur de
l'Académie. « Jusqu'à cette époque, écrit Dumont à
ses parents impatients de le revoir, M. Guérin avait
toujours refusé, dans la crainte de me retarder pour
ma figure et parce que, disait-il, il n'avait pas une tête
qui se prêtât à la sculpture. Aujourd'hui, cédant aux
instances de M. Vernet et de sa famille, il a désiré
que je le fisse. » Destiné à orner le salon de la villa

en témoignage de la reconnaissance des pensionnaires, ce buste a été placé depuis sur le tombeau
de Guérin, dans l'église Saint-Louis des Français,
au palais de l'Institut, au musée du Louvre. Le buste
de Guérin est un des beaux bustes du siècle, d'une
vérité intime et pénétrante. Le grand peintre respire
dans le marbre, et aujourd'hui encore M. Robert-
Fleury, en se rendant dans la salle des séances de
l'Académie des beaux-arts, ne peut passer devant lui
sans s'arrêter et le saluer d'un regard respectueux,
comme aux jours lointains où il rencontrait le modèle
de cette vivante copie en promenade sur le Pincio.
MM. Bourdon et Léon Cogniet, commissaires de la
souscription pour le monument de leur maître, s'ex-
primaient ainsi, en remerciant Dumont de son concours : « On a fait de Guérin plusieurs portraits,
mais il vous était réservé de faire illusion à ses amis
les plus intimes et de donner à nos successeurs une
image précise de cette physionomie si bien en rapport avec son beau caractère. »

En avril 1830, le groupe de *Leucothée et Bacchus*
était transporté dans le vestibule du palais de l'Académie, aménagé, chaque année, pour une semaine,

en salle d''exposition. Le succès fut immense. La
princesse Hélène, femme du grand-duc Michel, le
plus jeune frère du tzar, était à Rome à cette époque,
royalement fêtée par Chateaubriand. Elle avait vu
la *Leucothée* dans l'atelier de l'artiste et fait auprès
de lui les plus pressantes tentatives pour acquérir
son ouvrage et l'emporter en Russie. D'autre part,
l'ambassadeur qui avait succédé à Chateaubriand,
M. le comte de La Ferronnays, et Horace Vernet
demandèrent pour l'auteur une récompense aussi
éclatante qu'exceptionnelle, la croix de la Légion
d'honneur. Le ministre refusa d'accueillir cette proposition, objectant qu'on ne pouvait accorder à un
élève une récompense si élevée et qu'il fallait attendre
au moins le jugement du public français et l'appréciation de l'Institut. M. de La Ferronnays ne se tint
pas pour battu ; les événements politiques l'empê-
chèrent seuls d'en venir à ses fins. Mais si Dumont
pouvait éprouver une juste fierté d'être l'objet d'une
si flatteuse distinction, un témoignage que le hasard
lui offrit remplit son cœur d'une satisfaction plus
stimulante encore. Il était entré un matin dans la salle
d'exposition ; un seul visiteur s'y trouvait. Arrêté

devant le groupe de *Leucothée et Bacchus,* il l'exa-
minait sous tous les aspects, soigneusement, attenti-
vement, s'approchant, se reculant, se baissant, le
détaillant morceau par morceau, exprimant par ses
gestes, par les mouvements de sa tête, l'admiration
la moins équivoque. Dumont se tenait près de la
porte, immobile, le cœur palpitant; il avait reconnu
Thorwaldsen. Quand l'illustre sculpteur danois aperçut son jeune confrère, il se précipita à sa rencontre, et, le serrant dans ses bras, le consacra
maître par une accolade, comme aux temps cheva-
leresques.

Ce groupe de *Leucothée,* je ne dirai pas que c'est
l'ouvrage le plus parfait de Dumont (car il faudrait
établir un parallèle entre des productions de carac-
tères si divers qu'il est tout au plus permis de
laisser percer une préférence), mais c'est celui pour
lequel il avait au fond du cœur une inclination sensible, celui qui, d'emblée, le plaça hors de pair.
Mes lecteurs l'ont tous devant les yeux. La nymphe
est assise, portant sur les genoux le divin nourris-
son; sa main droite presse une grappe de raisin, sa
main gauche tient la coupe où s'allaite le futur vain-

queur de l'Inde, dans une pose charmante, dont l'abandon est un secret ravi aux peintures pompéïennes. C'est l'enfant dans toute la vérité de sa grâce naïve, et en même temps c'est un dieu. La tête de Leucothée, au contour si pur et si fin, a tous les signes de la beauté antique, et son corps est modelé par une main amoureuse de la forme, caressante et savante. Les draperies sont d'un style simple et large à la fois. Si l'on voulait examiner séparément les morceaux d'une œuvre si harmonieuse d'ensemble, il conviendrait d'appeler l'attention sur le dos de la nymphe, traité avec une ampleur sans égale. La sensation qu'on éprouve devant ce groupe est celle que doit donner la sculpture. Là, rien qui soit fait pour les sens, rien qui cherche à fasciner le regard par des artifices d'exécution. L'artiste ne s'adresse qu'aux plus nobles passions de l'âme humaine; c'est sur l'âme qu'il prétend agir pour rester digne de son art, digne de lui-même, et l'âme ne s'émeut que devant l'idéale beauté qu'elle poursuit comme un reflet de l'infini. « L'art, a écrit un des plus vigoureux esprits de notre génération et nullement suspect de trop pencher vers la

métaphysique, P.-J. Proud'hon, l'art n'est rien que
par l'idéal, ne vaut que par l'idéal ; s'il se borne à
une simple imitation, copie ou contrefaçon de la
nature, il fera mieux de s'abstenir. » Due à une
inspiration fraîche et jeune, la *Leucothée* est restée
et restera éternellement jeune. Les années se suc-
céderont sans pouvoir la rider de ce pli fatal qui
date tant d'œuvres bruyamment acclamées.

Enfin le moment était venu de quitter cette Rome
où il aurait désiré couler ses jours dans un coin
choisi, à l'ombre de la *Santa Trinità de' Monti*,
entre la maison de Poussin et celle de Claude Lor-
rain, si la terre natale ne lui eût gardé une famille
vénérée qui avait besoin de lui. Il y a quelques
années, en séance solennelle de l'Académie des
beaux-arts, le président, adressant aux lauréats les
souhaits du départ, caractérisait d'une manière heureuse et profondément sentie l'état du lauréat de
1823 à l'heure du retour, et le culte qu'il eut pendant sa longue existence pour la villa Médicis, cette
seconde France des artistes :

« Le privilège inappréciable du pensionnaire, c'est
d'être chez lui à Rome, et d'y vivre en pleine terre.

Vous y prendrez racine, et vous le sentirez quand il faudra partir; vous sentirez se déchirer mille fibres, qui insensiblement avaient attaché votre vie à cette terre et vous en faisaient monter toute la poésie au cœur, et, comme tous vos aînés, soyez-en certains d'avance, vous vous en irez en pleurant. C'est que la vie qu'on mène là-bas est remplie d'un charme qui ne peut s'oublier; c'est que sous ce vieux toit des Médicis on s'arrange des nids délicieux; c'est que rien n'égale la paix de ces longues journées de travail, dans les ateliers silencieux qu'enveloppe la poésie mélancolique des allées de lauriers; c'est que les grands arbres du Bosco font une ombre délicieuse aux heures brûlantes du jour; c'est qu'il fait bon s'accouder le soir au bord de sa fenêtre pour regarder le soleil se coucher sur Saint-Pierre, en écoutant une dernière cloche sonner dans le lointain l'Avé Maria. Oh! les beaux jours passés au Vatican, tête à tête avec Raphaël et Michel-Ange! Oh! les longues courses à travers la campagne en suivant les rives du Tibre ou les dalles des grandes voies antiques! Oh! les douces causeries du soir au salon commun pendant qu'un musicien joue en sourdine

quelque phrase de Beethoven ou de Mozart! Non,
Messieurs, quelques brillants succès que vous rem-
portiez plus tard, quelques distinctions flatteuses
que vous obteniez, rien ne fera pâlir ces souvenirs
dans votre âme. Si vous êtes un jour membres de
cette Académie, vous songerez plus d'une fois au
temps où vous n'en étiez que les pensionnaires, et,
le jour de la distribution des prix, vous vous sur-
prendrez peut-être à votre tour à envier les couronnes que vous décernerez. »

Aussi n'est-il pas surprenant que Dumont s'en soit
retourné à petits pas, par le chemin des écoliers.
A Venise, il retrouva son camarade Guillon, qui,
dégoûté des noires et des blanches à la suite de l'in-
succès de *Maria di Brabante* sur le théâtre de la
Fenice, s'était marié avec une fille des lagunes, et
gagnait, bon an, mal an, trente mille francs à élever des vers à soie. Traversant toute la Lombardie,
il alla s'embarquer à Gênes et rentra en France par
Marseille. Le 1er août, en entrant à Auxerre, il vit
flotter le drapeau tricolore et fut arrêté par la population pressée d'effacer de sa voiture les armes
royales. Le 2, il était à Paris et dut franchir les

10

barricades pour aller se jeter dans les bras de ses parents.

Le premier travail confié à Dumont fut la figure en marbre de la *Justice* placée dans la salle des séances de la Chambre des députés. Il venait à peine de terminer cet ouvrage, remarquable par la sévérité du caractère, la fermeté des lignes, drapé avec le goût et la science qui distinguent ses productions entre toutes celles de ses émules, et dont ses élèves ont recueilli et transmettent l'héritage, quand parut, le 8 avril 1831, une ordonnance conçue en ces termes: « La statue de Napoléon sera rétablie sur la colonne Vendôme. » A cette lecture, son imagination s'échauffa; il revit le héros qui avait traversé un des jours de son enfance et dont sa mémoire avait conservé l'image resplendissante, et il résolut de prendre part au concours ouvert par le gouvernement. Ce fut la seule fois que, durant sa longue carrière artistique, il se soumit à une de ces épreuves en vogue aujourd'hui et profitables surtout aux administrations qui tiennent à dégager leur responsabilité. Rarement le vainqueur est apte à profiter de la victoire, due, soit au hasard d'une inspiration qui n'a pas de lendemain, soit quelquefois aux dispositions préconçues des juges.

A cette date Duret et lui vivaient dans un commerce quotidien, un épanchement sans réserve de cœur et d'esprit; à Rome on les avait surnommés les inséparables; ils surent donc tout de suite qu'ils allaient se mesurer l'un contre l'autre. De la première lutte où ils avaient été rivaux ils étaient sortis victorieux tous les deux. La seconde ne pouvait donner un résultat aussi satisfaisant pour les intérêts et l'amour-propre. Leur amitié s'ingénia à égaliser les chances, et ils se présentèrent au concours avec une esquisse faite en commun.

Ils avaient représenté l'empereur tête nue, dans le costume des chasseurs de sa garde, le manteau rejeté sur les épaules, serrant de la main droite le traité de Presbourg, la plus glorieuse page de son règne. Les artistes qui composaient le jury n'eurent pas d'hésitation, et ils désignèrent l'œuvre de Dumont et Duret comme la plus remarquable; mais les membres de l'ordre politique et administratif, en majorité dans la réunion, cédant au charme irrésistible de la légende et de la chanson:

> Il avait petit chapeau
> Avec redingote grise,

accordèrent la préférence au modèle d'Émile Seurre.

Le succès de *Leucothée et Bacchus* au Salon de cette présente année consola Dumont d'un échec où l'honneur était sauf et que l'avenir devait se charger de réparer. Pour ce groupe, où la grâce et la science se fondent et se confondent, Paris eut les yeux de Rome. « C'est du grec! » s'écria Gros en pleine Académie. Nulle louange mieux que celle-là ne saurait flatter un statuaire. Proudhon, que j'aime à citer parce qu'à travers les violences de ses polémiques il a parfois touché d'une plume délicate les choses d'art, est du même avis que Gros. « L'idéal a reçu du génie grec une expression qu'on ne dépassera jamais (*on ne dépasse pas la perfection*). Tous les artistes venus plus tard se sont inspirés de ses œuvres; ils s'en inspirent tous les jours; et chaque fois que notre humanité éternellement progressive voudra se faire une idée approchée du beau absolu, c'est à la Grèce qu'elle la demandera. » Garnier, enveloppant dans un même et touchant hommage

le père et le fils, le maître et l'élève, n'appela plus
son vieil ami Jacques-Edme que le grand-père de
Leucothée.

Les années 1831 et 1832, désolées par la guerre
civile et le choléra et si peu propices aux arts, lais-
sèrent Dumont sans travaux. Ne pouvant se résigner
à attendre les commandes, il prit le parti d'exécuter
une figure d'étude pour le Salon et de traiter un
sujet éclos depuis longtemps dans son cerveau et
mûri par une patiente réflexion. Sa correspondance
d'Italie nous le découvre dans l'ardeur généreuse de
la jeunesse, le cœur vibrant au souffle de la liberté,
maudissant le joug imposé à l'ancien peuple-roi,
rêvant de faire jaillir du marbre les images héroïques d'Harmodius et d'Aristogiton. La révolution de
Juillet avait donné un nouvel et puissant aliment à
ce feu qui dévorait la génération née avec le siècle.
A cette coïncidence des aspirations et des événements est dû le *Génie de la Liberté*. Voilà pour
l'idée ; mais quant à la forme dans laquelle Dumont
allait la traduire, elle lui était apparue en une circonstance curieuse à rapporter et de nature à dé-
router les critiques. Devant ces singulières évolutions

de l'esprit humain, allez donc vous livrer à la recherche des sources originales! A quelles erreurs,
à quelles mystifications, investigateurs et curieux,
ne sommes-nous pas exposés? Croira-t-on que l'auteur du *Génie* conçut la plus hardie de ses compositions un jour de Pâques, en apercevant le pape
donner de la fenêtre de Saint-Pierre sa bénédiction
à la foule agenouillée? Cette grande figure qui, les
bras étendus, s'enlevait dans les airs et semblait
planer sur le monde, émut profondément son âme
d'artiste et lui donna la vision qu'il devait réaliser,
en la transformant étrangement.

La première semaine de 1833 vit achever le modèle du *Génie,* auquel un juge d'une compétence et
d'une autorité incontestées rendait ce bel hommage dans un discours[1] où je compte puiser plus
d'une fois : « Par la vérité et par la noblesse des
formes qu'elle présente, cette figure est une des plus
belles qu'ait produites l'art contemporain. On peut
dire que c'est un chef-d'œuvre, et peut-être le chef-

---

1. Discours prononcé aux funérailles de M. A. Dumont, le mercredi 30 janvier 1884, par M. Guillaume, président de l'Académie
des beaux-arts.

d'œuvre du maître. » Il ajoutait : « Je n'hésite
pas à le dire : à ce titre, elle mériterait d'être fondue
en bronze pour occuper au Louvre la place qui
lui est due, ou pour être donnée comme exemple
à l'École des beaux-arts. » L'administration, s'em-
pressant d'exaucer ce vœu, a fait placer dans
un des endroits désignés, au Musée national, un
bronze coulé sur le modèle, que l'auteur s'était
gardé de détruire. Un après-midi Perraud sui-
vait, avec un ami, le boulevard Beaumarchais ; il
s'arrêta tout à coup et, étendant le bras vers la
colonne de la Bastille, il s'écria dans le langage
pittoresque qui lui était habituel : « On ne s'imagine
pas ce qu'il fallait de science pour faire ce bon-
homme-là. »

La destinée du *Génie* n'avait pas tardé à être
fixée. Ne semble-t-il pas que le gouvernement attendait l'instant où l'œuvre de Dumont serait prête
pour décider l'érection sur la place de la Bastille
d'une colonne commémorative en l'honneur des
combattants de juillet ? Elle était, en effet, le couronnement naturel de ce monument. L'auteur en
jugea de la sorte, car il s'empressa de solliciter une

audience de M. Thiers, ministre du commerce
avec les beaux-arts dans son département. M. Thiers,
qui, dans la vie privée comme au pouvoir, a toujours apporté la plus grande aménité dans ses relations avec les artistes, et qui s'était acquis parmi
eux de durables sympathies, fit un excellent accueil
au jeune statuaire et lui promit sa visite. Après
avoir donné des rendez-vous auxquels il manqua
plusieurs fois, le ministre vint frapper à l'impro-
viste à la porte de l'atelier que Dumont a occupé
jusqu'en 1845, impasse Vavin, dans une maison
appartenant à son ami Droz. L'artiste, non prévenu,
ne s'y trouvait pas. M. Thiers n'était pas homme à
se déranger pour rien, et il pénétra dans l'atelier
par effraction. Livré à son propre goût, il avait un
sentiment des arts qui le guidait heureusement.
« C'est bien, dit-il, transporté à la vue de cette
statue d'une allure hardie, d'un jet grandiose. Voilà
ce qui convient à la colonne ! » Le lendemain
Dumont recevait avis que sa figure lui était commandée « dans une proportion de douze pieds quatre
pouces ». La lettre officielle se terminait par cette
phrase étonnante, que les écrivains bureaucratiques

n'ont jamais failli à se repasser religieusement les uns aux autres : « J'aime à penser, Monsieur, que vous donnerez tous vos soins à l'exécution du monument important que l'administration confie à votre talent. »

Le grand modèle, terminé au mois de septembre 1834, fut fondu dans les ateliers de Soyer et d'Ingé en mai 1835, placé sur la colonne le 29 avril et découvert solennellement le 28 juillet 1840. Le *Moniteur* du 2 mars 1836 avait annoncé, dans le même entrefilet, que Dumont était nommé chevalier de la Légion d'honneur par ordonnance du 27 février, et que la statue colossale du *Génie de la Liberté*, exposée dans les ateliers des fondeurs, était visible tous les jours pour le public.

Quelques semaines avant de recevoir la commande du *Génie,* Dumont avait été chargé d'exécuter, pour la salle ordinaire des séances, au palais de l'Institut, une des six statues en marbre qui la parent, celle qu'il aurait assurément choisie s'il avait été consulté avant la distribution, *Nicolas Poussin*. Son admiration pour cet artiste de la génération et de la race de Corneille était sans bornes. Il l'a représenté dans une attitude grave, l'œil pensif, le front chargé de méditations, mettant dans son œuvre, selon une observation judicieuse, un peu de sa propre individualité. Dans l'âge de la maturité surtout, Dumont rappelait par la forme de certains traits, comme par le sérieux du maintien et l'expression mélancolique du regard, le grand peintre qui a si profondément imprimé sur ses productions le sceau du génie français.

Dès sa première figure historique, le maître se montre sûr de lui-même, dans un genre où il n'a pas été surpassé. Après nous avoir rendu Le Poussin, il n'a pas été moins heureux à faire revivre dans le marbre le gentilhomme couronné dont Titien a consacré la mine fière et la stature superbe. *Poussin, François I*ᵉʳ, ouvrent cette admirable galerie où sont venus prendre place *saint Louis, Philippe-Auguste, Buffon, Bugeaud, La Bourdonnais, Davout, Humboldt,* et tant d'autres que nous aurons à étudier.

En 1836, la situation de Dumont, considérable parmi ses confrères, le désignait aux faveurs de l'administration. Aussi la direction des Musées royaux s'adressa-t-elle à lui quand elle voulut faire à la statue du roi les honneurs du palais de Versailles. Représenter le souverain est une charge dangereuse. En présence d'un personnage qui sous-entend toujours un « je le veux » dans le désir qu'il se contente d'exprimer, l'homme et l'artiste perdent leur indépendance. Je pourrais nommer un peintre, des plus estimés et des plus regrettés parmi nos contemporains, qui n'eut pas à se louer d'avoir été choisi pour reproduire une auguste image. Et puis les rois et les empereurs n'aiment guère à poser ; ce serait le moindre mal s'ils n'attachaient pas plus de prix à la ressemblance que Napoléon Ier. Louis-Philippe consentit à accorder à son sculpteur une séance de deux heures, pas une minute de plus ; elle eut lieu au château de Neuilly, au mois de juillet, sous les feux du Lion. Le monarque fit bonne contenance pendant la première demi-heure ; mais la fatigue et l'ennui ne tardèrent pas à prendre le dessus, et il ne put dissimuler un bâillement de qualité royale. Il se tira d'affaire en homme d'esprit. « Je vous demande pardon, Monsieur Dumont, dit-il, mais je viens de présider le conseil des ministres, et le conseil s'exhale. » L'artiste sut mettre à profit cette courte séance pour modeler un buste d'un accent saisissant, d'une réalité surprenante[1]. Je ne crois pas que la statue de Louis-Philippe soit de celles que Dumont prisait le plus dans son œuvre; cependant elle ne déplut pas aux contemporains, quand ils la virent en marbre au Salon de 1838, et j'en relève le témoignage dans un compte rendu du temps : « Dans la statue du roi par M. Dumont on reconnaît un statuaire d'un grand talent et d'un goût parfait; l'artiste a su tirer tout le parti possible de notre costume si ingrat, si rebelle aux exigences de la sculpture; la pose est simple et convenable, la tête a beaucoup de ressemblance et de physionomie; peut-être y a-t-il un peu trop de plis dans le pantalon; c'est la seule critique[2] à laquelle pourrait donner lieu cette belle figure. »

Le peintre, maître de ses manifestations, peut

1. On peut le voir au château de Chantilly.
2. « Elle n'est pas fondée, me dit un éminent sculpteur qui veut bien m'éclairer de ses conseils; les plis du pantalon sont irréprochables. » Il est difficile à un simple amateur d'écrire sur les arts, à moins qu'il n'ait un guide auprès de lui. Son devoir consiste à choisir ce guide avec discernement.

se renfermer, se concentrer dans le cercle où son talent se plaît et s'épanouit. Tout autre est le sort du sculpteur, moins libre d'écouter la Muse qui le séduit, gêné dans son invention, obligé de se plier à tous les genres et de produire tour à tour des ouvrages d'un caractère absolument différent. Cette nécessité, qui lui est imposée par la nature même de son art essentiellement décoratif, et aussi par des exigences d'un ordre plus matériel, il serait injuste de la maudire. Elle le contraint à des recherches et à des efforts incessants, elle le retrempe et le renouvelle. « Diversité c'est ma devise », pourrait dire, à plus juste titre que le conteur, le statuaire, qui passe subitement du profane au sacré, de Louis-Philippe en uniforme de lieutenant général à la Mère de Jésus-Christ.

Dumont eut à faire la statue de la *Vierge* pour l'église Notre-Dame-de-Lorette, que décoraient Orsel et Périn, ces peintres austères et convaincus, dont l'amitié fut l'encouragement et l'orgueil de sa vie. Placée dans la chapelle d'Orsel, cette *Vierge* au front candide et modeste, qui joint avec tant d'onction ses mains exquises, respire le sentiment

religieux dont sont imprégnées les belles compositions du peintre et s'harmonise avec elles. Elle
semble inspirée des maîtres primitifs de la Renais-
sance italienne, et ses draperies, à la fois riches
et naturelles, peuvent rivaliser par le style avec
l'ajustement des figures antiques. La statue qu'on
voit aujourd'hui dans la chapelle de Notre-Dame-
de-Lorette est une copie faite postérieurement par
Dumont; l'original, mutilé par les soldats de la
Commune et habilement réparé, est actuellement
dans l'église Saint-Leu[1].

Lorsque la mort de Ramey père vint laisser un
vide à l'Académie dans la section de sculpture,
l'auteur de l'*Amour tourmentant l'âme,* de *Leucothée
et Bacchus,* du *Génie de la Liberté,* de *Poussin,* de la
Vierge, quoiqu'il n'eût pas encore atteint la trente-
septième année, posa franchement sa candidature.
Déjà en 1835, pour succéder à Roman, il s'était
présenté, un peu malgré lui, cédant aux instances
de Garnier, qui, n'ayant pu réussir à faire entrer

1. Le rédacteur de l'*Inventaire général des œuvres d'art appartenant à la ville de Paris* a catalogué (t. III, p. 31) cette figure, qu'il
ne s'est pas donné la peine de regarder, sous cette désignation
inexacte : *La Vierge et l'Enfant Jésus.*

Jacques-Edme à l'Institut, avait reporté sur Augustin ses efforts dévoués. Par expérience, Garnier se défiait du style académique des Dumont, bien qu'il n'y eût pas à redouter, de la part du fils, l'aigreur dont le père n'avait pas su se défendre. Aussi prit-il soin d'écrire à son jeune ami : « Je t'attends mardi prochain à mon atelier pour voir la rédaction de ta demande, afin qu'il ne se glisse rien qui puisse être remarqué avec moins de faveur que celle des autres. » Il eut lieu d'être satisfait de la lettre ; il le fut moins du résultat, et Petitot l'emporta. Cette fois les titres d'Augustin éclataient à tous les yeux, mais il avait dans sa personne, parfaitement distinguée d'ailleurs, quelque chose qui pouvait lui nuire auprès de l'illustre compagnie. Les académiciens de ce temps-là détestaient les moustaches, et, conformément à la mode adoptée par les hommes de 1830, Dumont en portait. Son concurrent Duret était dans le même cas. Les amis des deux artistes leur conseillèrent de supprimer un ornement qui rappelait la caserne, le bivouac. Duret, déférant et docile, n'hésita pas à faire un sacrifice auquel Dumont se refusa. Faut-il croire qu'un motif si futile pût exercer de l'influence sur la section de sculpture ? J'en doute un peu, à vrai dire; mais elle plaça sur sa liste au premier rang Duret et, par un manège où le zèle l'emportait sur l'adresse, Dumont au quatrième[1]. Les candidats étaient classés dans l'ordre suivant : Duret, Raggi, Rude, Dumont, Foyatier, Lemaire. On procéda à l'élection le 21 juillet 1838. Au premier tour de scrutin les suffrages se répartirent en nombre égal entre Duret et Dumont; le quatrième tour, décisif, attribua à Duret neuf voix, cinq à Rude, et dix-huit au candidat relégué trop loin. Il était élu malgré ses moustaches, — Rude fut jusqu'à la fin victime de sa longue barbe, — et sans un seul adhérent parmi les musiciens. Lorsqu'il était allé, avant le vote, faire à Cherubini la visite de rigueur, il le trouva engagé, avec Halévy, dans une intéressante partie de dominos. Le directeur du Conserva-

1. Je me souviens qu'un matin de l'année 1853 j'étais chez Dumont lorsqu'on annonça Reber, qui se présentait à l'Académie des beaux-arts en remplacement d'Onslow et venait remplir ses devoirs de candidat. « Je n'ai pas beaucoup de chances, dit-il, la section de musique m'a mis le quatrième sur sa liste. — Ce n'est pas d'un mauvais présage, répondit Dumont ; moi aussi j'étais le quatrième, et j'ai passé. Ne désespérez donc pas. » Reber, de même, fut élu en dépit de son rang.

toire, sans prendre la peine de se déranger, et avec le ton bourru qui ne l'abandonnait guère, lui dit : « C'est vous, Monsou Doumont ? Eh bien, je vote pour Douret. » A la mort de l'auteur de *Lodoïska* et des *Deux Journées,* ce ne fut pas à Duret, mais à Dumont qu'on demanda le bas-relief qui orne sa tombe au cimetière du Père-Lachaise.

La production chez Dumont a été incessante et active jusqu'à l'âge même où il avait acquis le droit de se reposer. Sans intervalle se succèdent des œuvres étudiées avec le scrupule d'un artiste qui cherche avant tout l'approbation la plus malaisée à obtenir, la sienne. Après la *Vierge,* la *sainte Cécile,* drapée en réminiscence d'une Flore du musée du Capitole, et néanmoins d'un sentiment tout chrétien. Forcé de composer sa figure pour la place imposée, une des niches plates et oblongues de la colonnade de la Madeleine, il lui a donné une ampleur qui atteste toutes les ressources d'une imagination qui se jouait des difficultés et savait les faire tourner à l'avantage de l'art. Puis viennent *saint Louis,* dans sa gravité de législateur, et *Philippe-Auguste,* énergique d'attitude, mâle et ferme

11

comme il convient au rival de Richard Cœur de lion,
au vainqueur de Bouvines. Au Salon de 1844, il en-
voie la dernière des quatre figures qu'il se soit
commandées à lui-même, suivant l'expression de
Perraud, connue sous le nom de la *Coquetterie,* et
qu'il a désignée simplement sous ce titre : *Étude
de jeune femme.* Quoi de plus élégamment composé,
de plus délicieusement modelé que cette jeune
femme, chaste malgré sa nudité, qui se regarde
dans un miroir pour rajuster la couronne dont sa
tête est embellie, une tête à séduire André Chénier, moderne avec un ressouvenir de l'antiquité.
Quelle suavité dans les contours ! L'œil ne peut
se rassasier de suivre la ligne des épaules et des
bras, d'un dessin si gracieux et si pur : c'est la
sœur de *Leucothée.*

Cette année 1844, où il retrouva le succès de
1831, fut une des plus cruelles de la vie de Dumont ; en l'espace de cinq mois il perdit ses parents
adorés, d'abord son père, si heureux des honneurs
accordés à son fils qu'il en oubliait ses mécomptes,
puis sa mère, ce guide expérimenté et tendre dont
il avait éprouvé la sage sollicitude. Sa douleur fut

extrême ; il prit en dégoût le travail, qui n'apportait à son malheur ni consolation ni adoucissement. Son médecin, inquiet d'un pareil état de prostration, lui prescrivit comme remède le voyage. Il se décida à l'écouter et partit au mois de septembre pour l'Allemagne, désireux d'examiner les productions d'un art peu répandu en France.

Carlsruhe, Stuttgard, Munich, Ratisbonne, Nuremberg, Dresde, Berlin, Weimar, furent ses principales étapes. Il rencontra partout, auprès des souverains comme auprès de ses confrères, l'accueil dû à son mérite, à sa réputation, à la distinction de son esprit et de ses manières. Dans la capitale du Wurtemberg, il fit la connaissance de Gegenbaur, en train de couvrir de fresques historiques les murailles du nouveau palais pour un roi médiocrement amateur des arts et qui leur préférait les chevaux. A Munich, il vécut dans la société de Léon de Klenzé, l'illustre architecte qui a transporté la Grèce en pleine Bavière, et de ses collaborateurs Schnorr, perdu dans ces brouillards des Nibelungen où la muse française s'en va aujourd'hui tremper son aile légère ; Zimmermann aux prises avec Anacréon ;

de Hess, un des maîtres de la fresque moderne ;
Kaulbach, le plus populaire parmi nous ; le sculpteur national Schwanthaler, dont la main hardie
a élevé la statue colossale de la Bavière et peuplé
la Walhalla. A Dresde, il vit le peintre Bendemann,
plus tard directeur de l'Académie de Dusseldorf ;
les sculpteurs Hœhnel et Rietschel, dont le dernier,
dans la lutte pacifique où la France convoqua toutes
les nations en 1855, triompha de son glorieux
maître Rauch. A Berlin florissaient les sculpteurs
les plus renommés d'outre-Rhin : le vieux Schadow,
Rauch, Tieck, frère du poète, Kiss, qui venait de
terminer son beau groupe de l'*Amazone ;* ils s'em-
pressèrent de lui ouvrir leurs ateliers, aussi bien
que Cornélius, cet artiste à l'imagination puissante, dont le véritable outil était le ciseau plutôt
que la brosse. L'honneur le plus précieux qui lui
échut dans la capitale de la Prusse fut, non d'être
admis en présence du roi à Charlottenbourg, mais
de passer une soirée chez Humboldt, le plus grand
Allemand depuis la mort de Gœthe.

A Weimar, où régnait le fils de ce Charles-Auguste
recommandé à la postérité par la gloire des deux

grands poètes dont il fut le protecteur, Dumont
eut le plaisir d'être reçu comme un hôte attendu et
familier. La petite cour saxonne ne brillait plus de
l'éclat incomparable jadis emprunté à Gœthe, à
Schiller, à Wieland, à Herder, à Jean-Paul Richter
un peu dépaysé au milieu des pontifes littéraires ;
ses illustrations, à la date de 1844, étaient toutes
locales et d'une lumière modeste : Mlle Fatius, statuaire, les peintres Preller et Neher, enfin un
compositeur français, Chelard, remplissant les
fonctions de maître de chapelle, et qui avait écrit
autrefois un opéra de *Macbeth* sur un livret de
Rouget de l'Isle. Elle était restée fidèle à ses traditions, avenante, ouverte aux lettres et aux sciences,
sachant apprécier le mérite. Charles-Frédéric et
son fils Charles-Alexandre, qui occupe le trône
depuis 1853, eurent pour le voyageur les attentions
les plus courtoises, les prévenances les plus aimables. Dumont reconnut magnifiquement cette hospitalité princière en offrant à la grande-duchesse
héréditaire, comme témoignage de sa gratitude, le
marbre de la tête qu'il avait modelée à Rome
d'après la charmante Rosa. Le don fut agréé par

une lettre dont le ton contraste avec celui que les Allemands d'aujourd'hui prennent à l'égard des Français.

« Weimar, 1er février 1845.

« Accoutumé comme vous l'êtes, mon cher Monsieur Dumont, à voir admirer vos ouvrages, vous devez être blasé sur les louanges que l'on vous prodigue. Mais s'il est vrai que la reconnaissance ne compte point parmi les choses ordinaires dans ce monde, il n'en peut être autant du sentiment qui vient me dicter ces lignes. Ce sont les remerciements très sincères et très réels de la grande-duchesse héréditaire et les miens que je vous prie d'agréer. Ils le sont d'autant plus que votre attention si aimable de nous laisser un souvenir de votre séjour chez nous a su choisir la forme la plus gracieuse, car il est impossible de rien voir de plus charmant, de plus naturel, de plus attrayant que le buste que nous tenons de vous. Je vous assure que le but que vous vous êtes proposé de nous faire plaisir a non seulement été atteint, il a été outrepassé. Quoique votre réputation nous eût autorisés

à attendre un ouvrage digne de votre génie, nous
avons été bien agréablement surpris en voyant cette
délicieuse création, qui a le double mérite de rendre
un ravissant portrait d'une manière toute poétique.
Je regrette que vous n'ayez pu être témoin de la
joie de la grande-duchesse héréditaire et de la
mienne lorsqu'on nous apporta le buste. Vous eus-
siez compris que toute lettre ne peut dépeindre que
très imparfaitement notre reconnaissance, qui res-
sent mieux qu'elle ne s'exprime. Après cela je pense
et j'espère que vous ne douterez pas des sentiments
que je vous porte et de la considération très distinguée avec laquelle je suis votre tout dévoué

« CHARLES-ALEXANDRE,
« Grand-Duc héréditaire de Saxe. »

Le voyage de Dumont eut pour résultat d'établir
entre les artistes français et les artistes allemands
des communications plus suivies. Il s'était empressé
de rendre compte, avec une autorité que l'Institut
lui reconnaissait déjà, des œuvres qu'il avait remar-
quées, et d'appeler l'attention de ses confrères sur
des peintres et des statuaires d'une véritable valeur

à peine connus de nom. Aussi voit-on, dès le mois de décembre 1844, l'Académie des beaux-arts, attribuant à l'Allemagne une part plus considérable dans ses choix, inscrire sur la première liste des correspondants qu'elle dresse : Schadow, Schwanthaler, Schnoor, de Hess et Chelard, le compatriote oublié.

Pour lui, l'effet du séjour à l'étranger, de ce changement d'air moral, eut l'avantage de ramener le calme dans son âme et dans ses idées. Il se remit au travail avec une nouvelle ardeur, et produisit successivement les statues de *Buffon,* de *Louis Ier de Bourbon, prince de Condé,* et un grand bas-relief, le *Prince de Joinville à Sainte-Hélène au tombeau de Napoléon.* Pour représenter Buffon — et il apparaît dans sa vérité majestueuse, tout entier, homme et écrivain — Dumont a abordé, résolument et avec un singulier bonheur, le costume de l'époque. Pas de manteau destiné à arranger les lignes, à dissimuler la maigreur du vêtement; rien que la culotte et l'habit, et l'œuvre est sculpturale. Il est piquant de relire, devant ce *Buffon,* un passage de la correspondance de Grimm, où le judicieux critique, répondant à une remarque

du père Laugier, qui s'élevait contre la coutume
« de travestir nos héros sous des vêtements qui parmi
nous ne furent jamais d'usage », expose sa théorie
artistique sur le costume : « Notre façon de nous ha-
biller est si extravagante et si ridicule que nos artistes, sans s'en apercevoir peut-être, ont senti l'impossibilité de l'employer. On peut défier les imaginations
les plus déréglées de trouver rien de plus bizarre
pour la forme et de moins commode pour l'usage
qu'un habit français. Quoique l'habitude constante
doive nous avoir aveuglés sur l'extravagance de nos
habits et que nous n'en soyons plus jugés compétents, cette bizarrerie va cependant si loin que
nous ne pouvons pas la supporter dans les portraits
en pied, que les peintres sont toujours obligés de
jeter quelque draperie ou dessus ou à côté pour
masquer le ridicule, ou, s'ils se piquent d'exactitude
en ce point, ils font des pantins et des poupées. »
Dumont, heureusement, ne connaissait pas l'opinion
de Grimm ; d'ailleurs il n'en aurait pas tenu compte.
Nul parmi nos sculpteurs n'a déployé plus de goût
et de sagacité dans la manière d'ajuster ses personnages. Nul n'a su mieux triompher de la vulgarité,

de la raideur, de l'inélégance du costume moderne. Nul n'a saisi plus sûrement la physionomie des figures historiques et ne l'a rendue avec plus d'exactitude. Regardez Condé. Est-ce que le cœur du hardi soldat ne bat pas sous l'attirail irréprochable de l'homme de guerre du seizième siècle, cuirasse, trousses, grandes bottes de daim?

Dumont s'occupait de son bas-relief quand éclata la révolution de février 1848. Cet événement, imprévu pour ceux-là mêmes qui l'avaient préparé, l'atteignit dans ses sentiments de citoyen rattaché, après les effervescences de la jeunesse, à un régime sagement libéral, et plus encore dans ses entrailles paternelles d'artiste. Pendant le sac du Palais-Royal, funeste à tant d'objets d'art, son groupe de *Leucothée et Bacchus* fut brisé en plusieurs endroits, Il eut cependant la possibilité de le restaurer, plus favorisé que Duret, réduit à faire fondre le *Mercure*, son œuvre maîtresse, et surtout que Hersent, dont le principal tableau, l'*Abdication de Gustave Wasa*, serait à tout jamais anéanti sans la belle gravure de Henriquel Dupont. L'avenir lui réservait même la bonne fortune de pouvoir, en recommençant son groupe, assouvir ce besoin de correction et de perfection qui tourmente sans cesse le poète et l'artiste. En 1860, le duc de Galliera lui demanda *Leucothée* pour sa galerie, qui renfermait déjà un des chefs-d'œuvre de la sculpture moderne, la *Madeleine* de Canova.

Au début de l'année 1849, répondant à un de ses amis, haut fonctionnaire des finances en Algérie, Dumont exposait sa situation en sage qui sait prendre son parti des choses humaines et de leurs inévitables vicissitudes : « Quant à moi, la révolution de février m'a causé un grand préjudice. J'ai perdu pour trente mille francs de travaux. Je fais dans ce moment une statue du *Commerce* pour la Bourse. C'est la seule figure qui dans le naufrage m'ait été conservée. » Il faut savoir gré à la tempête d'avoir respecté une telle épave. Le *Commerce* est un des ouvrages où le goût épuré et l'art savant du maître sont arrivés à leur degré de supériorité. « Tout est à louer, a dit M. E. Guillaume, sous l'autorité de qui j'aime à m'abriter, jusqu'aux moindres accessoires, dans cette figure essentiellement décorative, ajustée d'une main si sûre qu'on ne saurait concevoir un jet de draperies plus exact et plus abondant. »

Le premier travail que Dumont obtint du gouvernement républicain fut, sur la proposition de Charles Blanc[1], directeur des beaux-arts, la statue du maréchal Bugeaud, pour le musée de Versailles. La mort du maréchal, brusquement emporté par le choléra, avait causé une profonde émotion dans le pays. De toutes parts, l'accord se fit pour réclamer, en faveur du héros des guerres d'Afrique, un hommage de la reconnaissance publique proportionné à ses services et à sa gloire. Dans ce but, des comités se formèrent à Paris, à Alger, à Périgueux, et ne tardèrent pas à se fusionner sous la présidence du général Changarnier. On résolut d'élever en l'honneur de l'illustre soldat deux monuments : l'un dans le département qu'il avait adopté comme seconde patrie, à Périgueux; l'autre sur le sol témoin de ses exploits, à Alger. Avant de choisir l'artiste qui devait interpréter leur pensée, les membres du

[1]. Dumont et Charles Blanc ne se connaissaient pas alors. Depuis, et même avant d'être devenus confrères, ils se lièrent d'une amitié fondée sur une estime réciproque.

comité prirent rendez-vous dans l'atelier de Dumont pour voir la statue en cours d'exécution. Saisis d'admiration en présence de son œuvre magistrale, ils lui demandèrent, séance tenante, de la reproduire dans une dimension colossale pour Alger et Périgueux.

Elle est noble et vivante, cette image du vainqueur d'Isly, et si naturelle qu'on en arrive presque à oublier que les beautés de cet ordre ne sont obtenues que par l'art le plus consommé. C'est bien le survivant de l'épopée impériale, le capitaine populaire, le conquérant africain qui s'offre aux regards, respirant à l'aise dans l'uniforme exact et pittoresque où chaque détail a son intention et sa portée. L'inauguration se fit à Alger, le 15 août 1852, aux applaudissements d'une foule ravie de retrouver le chef aimé et admiré.

Dumont, qui était venu juger de l'effet de son œuvre, ne voulut pas quitter l'Algérie sans en avoir étudié les aspects et les mœurs. Il n'y avait ni fatigues ni obstacles capables d'arrêter le voyageur de Sicile. Ses lettres nous le montrent curieux, ardent ainsi qu'aux heures de pleine jeunesse, traversant les torrents, escaladant les montagnes, pénétrant dans les gorges reculées, mangeant le couscoussou sous la tente des caïds et des cheiks, s'entretenant avec les marabouts, croquant, à la dérobée, le profil d'un Arabe qui ne veut pas laisser son image aux mains d'un infidèle, dessinant à loisir la tête d'une belle juive ou celle d'une danseuse mauresque, moins sauvages.

Le nouveau régime qui avait violemment remplacé la république ne se montra pas tout d'abord aimable pour Dumont. A qui la faute? Il n'avait pas été au-devant du triomphateur, quoiqu'il l'eût rencontré jadis dans les salons de Rome, et il n'avait pas hésité à protester par son vote contre le coup d'État. Ce n'était pas d'ailleurs son habitude de courre au soleil levant, pour employer l'expression vigoureuse de cet inimitable courtisan, le duc d'Antin. Lorsque Cavaignac était chef du pouvoir exécutif, il demanda, dans le cours d'une séance, à Horace Vernet, occupé à faire son portrait, s'il connaissait un Dumont qui avait été au collège avec lui et dont il se rappelait les précoces aptitudes pour le dessin. « Je le connais et l'aime beaucoup, répondit

le peintre des souverains ; c'est un statuaire du plus
grand talent. J'ai été son directeur à Rome et suis
depuis dix ans son confrère à l'Académie. » Le
général exprima le désir de revoir son ancien camarade et pria Vernet de se faire accompagner par
lui dans une de ses visites à l'hôtel Monaco. Malgré
les instances d'Horace, et quelque flatteur que fût
pour lui le souvenir du chef du pouvoir exécutif,
Dumont ne crut pas devoir renouer des relations
interrompues depuis un si long espace de temps. Son
intérêt était impuissant à lui imposer une démarche
contraire à sa dignité. Aussi, lorsque la commission
du monument de Bugeaud, par l'organe de son dernier président, le général de Bar, sollicita pour
l'artiste qui avait justifié sa confiance avec tant
d'éclat la croix d'officier de la Légion d'honneur,
ne put-elle pas se faire entendre du gouvernement.
La disgrâce alla plus loin : il eut les honneurs de la
proscription, dans un de ses ouvrages, le bas-relief
de la crypte des Invalides. Le recueil des *Papiers
et Correspondance de la famille impériale* renferme
une lettre mémorable adressée au docteur Conneau
par Cottrau, inspecteur des beaux-arts : « On place

dans le tombeau de l'empereur, à l'entrée de la crypte, deux bas-reliefs représentant le prince de Joinville à Sainte-Hélène et Louis-Philippe recevant les restes de l'empereur. Je trouve cela inconvenant : je viens d'en causer avec Romieu[1], qui est de mon avis ; mais que faire sans connaître la volonté du prince ? Il n'y a que toi qui puisses nous tirer d'embarras en consultant le prince. S'il est d'avis de retirer ces sculptures, cela sera fait en un instant sans que personne le sache[2]. » L'avis ne se fit pas attendre, et les bas-reliefs arrachés au tombeau de Napoléon furent relégués dans l'ombre du dépôt des marbres. D'un signe de tête le prince avait corrigé l'histoire.

Une compensation lui fit oublier ces deux désagréments, dont le dernier avait été le plus sensible. A la suite de la mort de Pradier (1852), l'assemblée des professeurs, qui formaient alors le conseil de direction de l'École des beaux-arts, l'élut pour remplacer le célèbre statuaire. Les succès de Dumont

1. Ancien préfet de la monarchie de Juillet, il se souvenait seulement qu'il était directeur des beaux-arts.

2. *Di notte tempo*, comme disent les Italiens. Cottrau était Napolitain.

dans l'enseignement remontaient à une époque
éloignée ; huit de ses élèves étaient déjà partis pour
la villa Médicis. Lorsque le premier d'entre eux,
M. Bonnassieux, remporta le grand prix, Dumont
n'était pas encore à la tête de l'atelier qui disputait,
chaque année, à ceux de David et de Pradier les
couronnes académiques. En 1837, le fondateur de
cet atelier, Ramey fils, obligé de séjourner plusieurs
mois à Marseille pour surveiller des travaux, pria
son ami, d'abord de le suppléer pendant son absence,
et bientôt de s'adjoindre à lui. M. Guillaume, élève
d'une école rivale, et dont l'esprit, formé de bonne
heure, observait et appréciait exactement, a tracé
des deux maîtres un portrait fidèle : « Certes, ces
professeurs étaient, dans leur manière d'être, fort
différents. M. Ramey était plus varié, plus abondant
dans ses discours ; M. Dumont était plus sobre de
paroles et plus occupé de l'essentiel. Mais la même
raison et le même dévouement animaient ces deux
hommes de bien. Quoiqu'ils portassent à leurs élèves
un intérêt extrême, c'était de l'art avant tout qu'ils
avaient souci. Leur constant effort tendait à donner
aux études la direction la plus conforme aux prin-

12

cipes et aux traditions de toute sculpture digne de ce nom. Le niveau qu'ils voulaient maintenir était celui d'une dignité idéale, mais exempte de convention. Ils admiraient l'antiquité ; ils respectaient la nature. Avant tout, ils étaient sincères, et ils enseignaient que la beauté ne doit jamais être cherchée en dehors de la vérité. »

Un incident sur lequel il n'y aurait aucun intérêt à insister amena les deux professeurs à fermer, en 1847, l'atelier où s'était élevée une brillante pléiade de sculpteurs. Mais si, pendant un espace de cinq années, Dumont n'eut plus l'occasion de former de nouveaux élèves, il ne cessa jamais de prodiguer aux anciens et ses conseils et son appui. Le choix de ses pairs, en lui ouvrant l'École des beaux-arts et en le remettant en communication directe et quotidienne avec la jeunesse, fut, sans conteste, un des bonheurs les plus vrais qu'il ait ressentis, la récompense qui le flatta et l'honora entre toutes. Comme j'ai donné sur le professeur de 1838 l'opinion de M. Guillaume, je dois reproduire sur le professeur de 1852 l'appréciation d'un autre statuaire distingué, successeur de Dumont à l'Académie des beaux-arts, et qui, lui non plus, ne fut pas directement son élève : « J'ai connu M. Dumont alors que j'étais petit élève au cours du soir à l'École des beaux-arts, il y a au moins vingt-huit ans, et j'ai pu alors être à même d'apprécier ses qualités comme homme et comme professeur. Bien qu'à cette époque les élèves, n'étant pas encore électeurs au Salon, eussent pour leurs maîtres plus de considération et de déférence, ils ne laissaient pas que d'avoir aussi leurs prédilections, et je puis dire qu'entre tous le cours de M. Dumont était des plus suivis, non seulement par ses élèves, mais aussi par ceux des autres professeurs; et cette préférence venait de ce que, si les corrections du maître étaient au besoin sévères, elles n'étaient pas décourageantes; c'était le coup d'aiguillon qui fait partir plus vivement, mais ne blesse pas[1]. »

Il était impossible que le gouvernement tînt à l'écart un artiste de la valeur de Dumont et dont la situation proéminente était reconnue de tous. En juin 1853, l'administration des beaux-arts lui con-

1. Barrias. *Notice sur M. A. Dumont*, lue à l'Académie des beaux-arts, dans la séance du 9 mai 1885.

fia l'exécution de la statue du maréchal Suchet, duc
d'Albuféra[1], pour la ville de Lyon et, en 1854, la
décoration complète du pavillon Lesdiguières. Le
pavillon, en tombant pour se relever sur un autre
plan, emporta dans sa chute cette importante décoration ; elle consistait dans un fronton composé de
la *Gloire* et l'*Immortalité,* une figure assise de la
France et deux trophées avec des enfants symboli-
sant la *Guerre* et la *Paix*. Le sort réservé à un si
grand nombre des ouvrages de ses ancêtres ne
devait pas lui être épargné, même de son vivant ; il
vit détruire sous ses yeux un monument fruit d'un
travail longuement mûri et qui faisait honneur à
l'art contemporain. Les rares voyageurs qu'un hasard
conduit à Semur et qui s'égarent au musée de cette
jolie sous-préfecture peuvent suivre, dans le petit
modèle conservé là, toute la pensée du maître et
reconstituer ses conceptions dans leur grandeur
originale : la *Gloire,* imposante et radieuse ; l'*Im-*
mortalité, recueillie, pensive et éveillant dans les

---

1. La statue en marbre du maréchal, dans les proportions ordinaires, pour le Musée de Versailles, a été faite aux frais de la
famille.

âmes, avec l'idée de la beauté, celle des divines espérances. Quant à la statue de la *France,* elle avait enthousiasmé Périn, qui n'était pas dans l'habitude de se départir, pour juger ses amis, de la sévérité de ses principes. « Elle est tellement bien, écrivait-il, que j'en fais hardiment votre meilleur ouvrage jusqu'à ce jour. »

La lettre dans laquelle Périn exprime cette opinion est datée de 1855 ; elle contient, en outre, les plus chaleureuses félicitations à son ami sur son succès à l'Exposition universelle. Il avait le droit de prendre sa part d'un triomphe qui flattait son cœur et son goût ; car Dumont, un peu hésitant, ne s'était décidé que sur ses instances à donner de sa personne dans la mêlée dont le Palais des beaux-arts était le théâtre. Son envoi comprenait quatre ouvrages : le modèle réduit du monument du *maréchal Bugeaud, Leucothée et Bacchus,* l'*Étude de jeune femme, Buffon.* La statue en bronze de Buffon était pour le public un ouvrage nouveau, quoique terminé depuis longtemps. Dix ans s'écoulèrent encore avant qu'elle fût dressée sur son piédestal, au milieu de la terrasse qui domine la ville de

Montbard, à l'extrémité des jardins plantés ou em-
bellis par l'immortel naturaliste.

Le jury, composé des artistes les plus compétents
du monde entier, décerna à Dumont une des quatre
grandes médailles d'honneur réservées à la sculpture, et le désigna pour une récompense qu'il appartient au gouvernement seul d'accorder. Le prince
de la famille impériale revêtu des fonctions de président de la commission de l'Exposition, ne crut
pas devoir exaucer un vœu émis avec tant d'autorité et se refusa à proposer un artiste qui venait de
soutenir glorieusement, dans une lutte éclatante,
la vieille réputation de la France, et qui comptait
dix-neuf années de grade de chevalier de la Légion
d'honneur. La blessure était légère ; ce ne fut pas
sur son sort qu'il s'apitoya, mais sur celui de son
illustre et sensible confrère, M. Ingres. Le haut jury
de peinture avait attribué les récompenses d'abord
à l'auteur de la *Prise de la Smala,* ensuite au peintre d'*Homère,* et celui-ci en avait été blessé au
plus vif de ses entrailles. Dumont alla voir Ingres
plusieurs fois pour le consoler et le réconforter ; il
le trouvait plongé dans un état complet d'anéantis-

sement, répétant d'une voix désespérée une seule phrase, toujours la même : « Monsieur, ils m'ont placé le second ! »

L'administration eut la pudeur de réparer le déni de justice commis par le cousin de l'empereur. Peu de jours après la cérémonie fastueuse du palais des Champs-Élysées, le 15 décembre 1855, avait lieu la distribution des récompenses au palais de la rue Bonaparte, et le ministre d'État, M. Fould, remettait à Dumont, président en exercice de l'École des beaux-arts, aux acclamations des élèves, la croix d'officier. Un déplorable accident signala cette date du 15 décembre. Pendant la matinée, le feu avait pris dans la salle qui sert aux fêtes de l'École et endommagé le magnifique hémicycle de P. Delaroche. Averti immédiatement par l'agent, M. Vinit, Dumont courut chez le ministre pour l'informer du désastre et le prier d'autoriser l'ajournement de la séance. « Donnez l'ordre de disposer une salle quelconque, répondit M. Fould : j'ai une raison impérieuse pour tenir à ce que la distribution des récompenses se fasse aujourd'hui. »

Sur ces entrefaites, les habitants de l'île Maurice,

fidèles au culte de l'illustre administrateur qui créa
leur prospérité, ouvraient, avec l'autorisation du
gouvernement anglais, une souscription dans le but
d'ériger, au milieu de Port-Louis, une statue à La
Bourdonnais. Pour rendre l'hommage plus complet
encore, ils choisirent l'artiste parmi les Français, et
chargèrent Dumont de reproduire les traits du héros
dont ils sont restés, de cœur, les compatriotes. Une
lettre du président de la commission adressée (3 octobre 1859) aux délégués de France nous renseigne
sur l'accueil fait à cet ouvrage, pendant superbe du
Buffon : « Il n'a pas été possible, avant le départ de
la dernière malle, de réunir le comité La Bourdonnais, mais c'est aujourd'hui un agréable devoir pour
moi de vous annoncer que l'inauguration de la statue
de Mahé de La Bourdonnais a eu lieu le 30 août
dernier, avec toute la pompe et toute la solennité
possibles dans notre pays, et de vous transmettre,
avec les remerciements du comité de Maurice pour
la large part prise par vous à cette œuvre coloniale,
l'expression du sentiment général de satisfaction
éprouvé par la population tout entière à la vue de
cette belle statue. Les Mauriciens n'ont pas été in-

sensibles au mérite de cette œuvre artistique dans
laquelle semble revivre le fondateur de leur colonie,
et je ne suis que l'écho de l'opinion émise par tous
indistinctement en vous priant de faire agréer à
M. Dumont nos très sincères félicitations et le tribut
de notre vive admiration pour le beau talent dont
témoigne la statue de La Bourdonnais. Le choix de
l'artiste distingué qui a donné un corps à notre
pensée double la valeur du service que vous avez
rendu au pays, car si on s'en rapporte à l'opinion
de ceux qui ont vu la statue (*de Rochet*), belle aussi,
élevée par nos voisins au bienfaiteur de nos deux
îles, tout l'avantage de la comparaison reste à l'œuvre de M. Dumont. »

Dans cette solennité, en face du marin vainqueur
de ses flottes, l'Angleterre, par la voix de son représentant, avait déclaré que les grands hommes ne
sont pas la propriété exclusive des pays qui les ont
vus naître, mais qu'ils appartiennent à l'humanité
entière, ennoblie par leur génie. Quelques mois au-
paravant, le gouvernement français accordait les
honneurs du Musée dédié à toutes les gloires de la
France au savant étranger dont la mort venait de

mettre en deuil le monde civilisé. Il chargeait Dumont d'exécuter la statue de Humboldt, et l'Allemagne en exprimait sa satisfaction. Le docteur Waagen, directeur de la galerie de peinture de Berlin, en communiquant à l'architecte Hittorff une liste de documents iconographiques, se faisait l'interprète de ses concitoyens : « Vous pouvez penser combien j'ai été charmé que l'exécution d'un programme dont la digne solution me touche si vivement au cœur ait été confiée à un aussi excellent artiste que M. Dumont. Je regarde ce choix, sans aucune comparaison, comme le meilleur qui pouvait être fait en France. Je pense qu'il représentera ce demi-dieu de la science et ce roi de la véritable humanité dans l'âge où son corps et son esprit étaient dans toute leur force. » Il était inutile d'avertir Dumont pour qu'il embrassât sous sa face caractéristique le sujet qu'il avait à traiter. La pensée ne lui serait jamais venue de montrer l'intrépide explorateur accablé par le poids de la vieillesse ; il le représenta à l'âge de sa vaillante production, sous le costume qu'il porta longtemps[1] sans se soucier des caprices

1. « Son costume était resté le même depuis l'époque du Direc-

de la mode, chaussé de bottes à revers, tenant le style avec lequel il venait d'écrire son *Voyage aux régions équinoxiales du nouveau continent*. Pour le douer de cette réalité que l'art ne doit cesser d'avoir en vue, il ne s'était pas borné à consulter les portraits, les bustes et jusqu'au moindre médaillon ; mais il avait pris soin de s'identifier avec ses ouvrages afin de connaître l'homme à fond, dans les traits comme dans l'esprit. Sa méthode de travail ne varia jamais ; il ne commençait l'esquisse de ses personnages que quand il les possédait intimement. Pour restituer saint Louis, il avait déchiffré les *mémoires* de Joinville ; il avait étudié les campagnes d'Afrique avant de rendre à la vie le maréchal Bugeaud ; il ne conçut Humboldt qu'après avoir lu le *Cosmos*.

L'esquisse de *Humboldt* était définitivement arrêtée quand lui parvint la commande de deux statues importantes : le *Prince Eugène de Beauharnais* et *Napoléon I*er. Un comité s'était formé, sous la prési-

toire : habit bleu, boutons jaunes, gilet jaune, culotte en étoffe rayée, bottes à revers, les seules qui se trouvaient à Paris en 1822. » (Mémoires inédits de Boussingault.)

dence du général comte de Schramm, pour élever,
au moyen d'une souscription nationale, un monument au fils adoptif de Napoléon. Le projet de ce
monument tout à fait somptueux était dû à M. Marcellin, architecte, qui avait choisi pour collaborateurs
trois statuaires : Dumont, Barye et Klagmann. L'idée
n'eut pas la suite que le comité lui destinait; l'administration municipale s'en empara et commanda
à Dumont la statue qu'on a vue, jusqu'à la chute de
l'Empire, sur un piédestal plus simple, devant la
mairie du onzième arrondissement. Dumont, dont la
conscience s'alarmait aisément, ne se décida pas
tout de suite à accepter un travail dont l'architecte
primitif était écarté, et il fallut, pour vaincre ses
scrupules, que M. Marcellin intervînt : « Pourquoi
hésiteriez-vous d'accepter la sculpture du monument
qui m'est enlevé, puisqu'on vous l'offre? Pourquoi?
Parce que nous avons travaillé ensemble? C'est, au
contraire, une raison pour que je vous conjure de
l'accepter... Je vous conjure donc, mon cher ami ;
si vous voulez adoucir mes regrets, acceptez. »

L'empereur Napoléon III, depuis son accession
au trône, couvait le dessein de remplacer la statue

vulgaire de la colonne Vendôme par une image
d'un style plus héroïque. Il regrettait le César idéa-
lisé par Chaudet, et enlevé, sur un ordre émané
du quartier général russe, du socle conquis par les
canons d'Austerlitz. Seulement l'auteur du *Napoléon* populaire avait été pour lui, pendant la période
d'exil à Rome, un ami éprouvé, un compagnon de
tous les instants et, par un sentiment délicat et
généreux, il avait ajourné à des temps plus favo-
rables un acte dont le contre-coup eût été blessant
et douloureux pour Seurre. Mais lorsque le décès
de celui-ci, arrivé en 1858, lui eut rendu toute
liberté d'action, il revint à son projet et s'en ouvrit
au ministre chargé des beaux-arts, qui lui indiqua
Dumont comme le seul artiste capable de mener à
bien cette grande et difficile entreprise. La décision
du chef de l'État rencontra, même dans son entourage, une opposition aussi acharnée qu'inexplicable.
Le ministre successeur de M. Fould, le comte
Walewski, contrecarra sourdement, mais de tout
son pouvoir, la réalisation d'un projet qui, en négli-
geant d'aborder la question d'art où il n'entendait
rien, avait l'avantage d'offrir à son patriotisme la

joie d'une revanche. Les résistances durent enfin céder devant la volonté du souverain, se manifestant avec énergie quand il eut constaté de ses yeux la supériorité de la nouvelle statue. Le modèle du *Napoléon* de grandeur naturelle fut exécuté dans l'atelier occupé par Dumont au pavillon est du palais de l'Institut[1]. C'est là que l'empereur vint le voir, une après-midi de mars 1862. Un élève de Dumont, devenu un maître à son tour, qui travaillait en ce moment auprès de lui, a dressé de cette visite une sorte de procès-verbal écrit le soir même, et dont je détache un passage : « Aujourd'hui mardi 18 mars, à trois heures et demie, j'entends frapper vivement à la porte du premier atelier; j'ouvre et j'entrevois M. Deligny (*l'architecte du palais*) me faisant signe, tout en adressant un salut respectueux dans une autre direction. Je n'en demandai pas davantage pour aller annoncer à M. Dumont l'empereur, que nous attendions, d'après une promesse qu'il avait faite une quinzaine de jours aupa-

1. Cet atelier ayant été affecté, en 1863, au service de la Bibliothèque Mazarine, il obtint, en échange, dans le même palais, celui qui avait longtemps appartenu à Pradier, quai Conti, 25, et dont a hérité M. Paul Dubois.

ravant. L'empereur, accompagné d'un homme très
grand, très gros, très brun et très chauve, avait
pénétré dans l'atelier de M. Dumont avant que
celui-ci eût eu le temps d'arriver à la porte pour
le recevoir. « Je vous ai bien fait attendre, » lui
dit l'empereur. En arrivant devant la statue en
terre de Napoléon qui est presque terminée, Sa
Majesté dit d'un air ravi : « C'est très bien ! C'est
très beau ! Voyons si elle fait aussi bien derrière. » Et l'empereur, paraissant ignorer qu'on
pouvait mouvoir la figure, se déplaça pour aller la
regarder ; mais, sur notre observation qu'il était
facile de la tourner dans l'autre sens, il reprit sa
place. Après l'avoir considérée un instant, il dit :
« Elle fait admirablement de chaque côté. » Ensuite
nous la lui présentâmes sous tous ses aspects, et
l'empereur ne cessait de répéter : « C'est très beau,
c'est magnifique ! » Puis il s'étendit sur le mérite
des silhouettes heureuses : « Rien n'est si difficile,
si important et souvent si négligé qu'une silhouette.
On a placé sur le Louvre un groupe dont le travail
est très beau vu de près, mais qui de loin ne paraît
qu'une masse informe. » Lorsque la selle fut reve-

nue à son point de départ, M. Dumont me fit poser
sur la boule que le héros tient de la main droite
une esquisse de la *Victoire*. « Elle est un peu grosse
relativement à la statue, dit l'empereur ; il ne faudrait pas que, de loin, la figure principale parût
porter un enfant dans la main. — Sire, répondit
l'artiste, elle n'est pas plus grande relativement
que celle de la figure primitive ; ma figure est d'un
onzième plus grande que celle de Chaudet, par conséquent la *Victoire* doit être plus grande que l'autre
d'un onzième. — Avez-vous celle que je vous ai
envoyée[1] ? — Oui, sire. » Je courus la chercher :
« J'aimerais mieux que vous missiez celle-ci. — Sire,
répliqua M. Dumont alarmé dans son irréprochable
conscience d'artiste, cette *Victoire* n'est pas conçue
dans le style de ma statue et pourrait la modifier
malheureusement. — Je crois au contraire qu'elle
produira un excellent effet, étant moins importante
que la vôtre. Et puis elle a les ailes déployées. — J'ai
conçu la mienne dans une idée différente. Les ailes

1. Cette petite statue de la *Victoire*, de la main de Chaudet,
était restée en France et venue en la possession de Napoléon III.
Elle a de nouveau disparu après l'exploit de la Commune. Celle
qui l'a remplacée est de M. Mercié.

au repos signifient que Napoléon a fixé la victoire.
— J'y tiens cependant. C'est un fragment intact
de l'ancienne statue, et il ne saurait être mieux
placé que sur la nouvelle. N'est-ce pas bien étonnant
que la *Victoire* soit tout ce qui reste de la statue de
Napoléon ? » M. Dumont dut s'incliner devant un
parti obstinément arrêté. « Vous l'avez représenté
un peu jeune, dit l'empereur en indiquant du doigt
le visage. Je pensais que vous le feriez d'après le
buste de Chaudet, qui le montre plus âgé. —
Sire, le faire plus âgé eût été un anachronisme.
J'ai conservé à l'empereur l'âge qu'il avait lors de
l'érection de la colonne. — Je reviendrai voir la
figure quand elle sera grandie du double. » Enfin
après une poignée de main échangée avec M. Dumont, l'empereur est parti. » Un an après, presque
jour pour jour, Napoléon III venait s'acquitter de sa
promesse.

Le ministre d'État, qui s'était jusqu'alors refusé
à approuver la commande de la nouvelle statue,
signa enfin l'arrêté officiel. Une note rédigée par
Dumont expose quels obstacles il lui fallut vaincre,
jusqu'à quel degré il poussa la patience et la téna-

13

cité pour rester en possession d'un travail auquel il avait un si vif désir d'attacher son nom. A sa date précise est consigné chaque incident de ce curieux chapitre de l'histoire d'une statue :

« Le 20 octobre 1858, M. de Mercey (*chef de la division des beaux-arts au ministère d'État*) me propose de faire la statue de Napoléon Ier pour la colonne Vendôme.

« Le 5 janvier 1859, M. de Mercey me fait savoir que M. Fould, ministre d'État, me recevra le 7.

« Le 7 janvier 1859, première esquisse présentée à M. le ministre, qui me fait quelques observations.

« Le 8 février, M. de Mercey me fait savoir que le 10 février M. le ministre me recevra pour voir une nouvelle esquisse.

« Le 10 février, deuxième esquisse que M. le ministre présentera à l'empereur.

« L'empereur ayant fait quelques observations sur ce projet, je dois refaire une troisième esquisse.

« Le 8 mai 1860, M. le ministre d'État m'informe que l'empereur me recevra le 10 à dix heures.

« Le 10 mai 1860, je suis reçu par l'empereur,

qui me demande une nouvelle esquisse dans un
autre costume.

« Le 21 décembre 1860, M. Mocquard (*chef du
cabinet de Napoléon III*) m'écrit pour m'informer
que l'empereur viendra à mon atelier aussitôt qu'il
aura un moment de libre.

« Le même jour, à quatre heures, l'empereur se
rend à l'Institut et, par un malentendu, ne me
trouve pas à mon atelier.

« Le 21 février 1861, je suis reçu par M. le ministre d'État, le comte Walewski.

« Le lendemain 22, l'empereur se rend à mon
atelier, choisit une de mes esquisses et me commande la statue.

« Le 4 décembre 1861, je me suis rendu au ministère d'État pour demander un grand atelier, afin de
pouvoir exécuter le grand modèle de la statue de
Napoléon. M. de Courmont (*directeur des beaux-
arts*) m'a communiqué alors que le ministre l'avait
chargé de me dire de suspendre ce travail, parce
qu'il était inutile de continuer un ouvrage qui ne
serait point placé.

« Le mardi 18 mars 1862, M. de Courmont vient

à mon atelier de l'Institut voir le modèle en terre,
moitié de proportion, de la statue de Napoléon.

« Le 22 avril 1862, M. de Courmont vient voir le
modèle de ma statue. Le lendemain il se rend avec
M. de Cardaillac (*chef de la division des bâtiments
civils*) au dépôt des marbres pour voir l'atelier dont
j'ai besoin pour l'exécution de mon travail.

« Le lundi 9 mars 1863, l'empereur est venu voir
le grand modèle de la statue de Napoléon.

« Le lundi 23 mars, le grand modèle en plâtre a
été porté chez le fondeur, M. Thiébaut.

« Le mercredi 10 juin 1863, le grand morceau de
la statue a été coulé en bronze. »

La statue fut érigée sur sa base le 4 novembre
1863, et le *Moniteur universel* annonça la nouvelle
en une note laconique enfouie dans les faits divers.
Le public attentif aux choses de l'art s'étonna
qu'aucune marque de satisfaction ne récompensât
l'auteur d'une telle œuvre ; on s'attendait à le voir,
à cette occasion, promu au grade de commandeur
de la Légion d'honneur, qui ne lui fut conféré qu'en
1870, à la suite d'une pétition de ses élèves.

Quoiqu'un programme eût été tracé à l'avance

(le récit de M. Ponscarme — qu'il me pardonne
mon indiscrétion ! — le prouve en un point) de
manière à imposer à Dumont des limites entre lesquelles il devait se contenir, on ne remarque rien,
dans le *Napoléon,* qui sente la gêne ou trahisse
l'effort ; l'artiste semble être demeuré maître de
son inspiration et libre d'entraves. L'œuvre est originale et ne ressemble, ni par la conception ni par
la forme, à la statue de l'an 1810. Ceux qui ont pu
contempler le Napoléon de Chaudet n'existent plus
aujourd'hui, ou sont si avancés en âge qu'ils n'en
ont conservé qu'un souvenir fugitif et ne sauraient
le juger autrement que nous, c'est-à-dire d'après
les estampes. Cependant si le mérite de l'exécution
nous échappe forcément, nous sommes du moins
en mesure d'apprécier la composition, et nous pouvons nous rendre un compte assez juste de l'effet
qu'elle devait produire. Chaudet avait drapé l'empereur d'un manteau rattaché à l'épaule droite ; le
bras, entièrement nu, s'appuyait sur un glaive au
fourreau, dont la pointe reposait sur la plinthe
(disposition peu heureuse ; car, vue d'en bas, la
figure paraissait porter sur trois jambes) ; le man-

teau recouvrait le bras gauche, ne laissant passer
que la main qui tenait cette *Victoire* ailée, considérée par Napoléon III comme un talisman. La dif-
férence entre les deux statues est frappante, on le
voit, en dépit de l'analogie du costume. L'ouvrage
de Dumont, tel qu'il apparut lors de son inauguration, impressionnait par la beauté de la forme,
l'ampleur de l'attitude, l'expression calme et grandiose. Il rétablissait, dans sa splendeur et sa majesté, le capitaine au masque d'*imperator* sur le
pilier souverain bâti de sa main colossale, comme
a dit le poète :

> Au-dessus de Paris, serein, dominant tout,
> Seul, le jour dans l'azur et la nuit dans les astres.

Le mérite du *Napoléon* consistait encore, selon
les hommes du métier, dans le balancement pon-
déré des lignes et dans un équilibre si bien proportionné que de tous les côtés la figure était admirablement d'aplomb. Or rien n'est plus difficile que
d'arriver à ce résultat quand le piédestal est une
colonne. La moindre déviation est trahie par cette
implacable perpendiculaire, et le plus imperceptible

défaut d'harmonie dans les lignes renverse la statue soit à droite soit à gauche. Dumont avait tout prévu. En dégageant les jambes et en drapant entièrement le corps, il avait donné à son *Napoléon* l'aspect à la fois imposant et léger qu'exige une statue placée à une grande hauteur. Ces précieuses qualités sont un peu amoindries depuis la restauration maladroite faite après 1871, sans l'aveu de l'auteur et en dehors de sa direction ; mais elles se retrouvent intactes dans le modèle de grandeur naturelle conservé au musée de Semur.

L'exécution de ce bel ouvrage manqua de coûter la vie à son auteur. Peu s'en fallut qu'Augustin n'eût le sort de François Dumont et que le grand aïeul et l'arrière-petit-fils ne disparussent dans une catastrophe de même nature. A la date du 3 juin 1863, le journal *la France* publiait cet entrefilet : « L'un des plus habiles sculpteurs, M. Auguste Dumont, membre de l'Institut, auteur de la statue du maréchal Bugeaud qui décore une des places publiques de la ville de Périgueux, a failli tout récemment être victime d'un accident bien déplorable, à Paris. Chargé de l'exécution de la nouvelle statue de Na-

poléon Iᵉʳ pour la colonne de la place Vendôme, il
était dans les ateliers du fondeur à surveiller les travaux. En se reculant sur un échafaudage, il fit un
faux pas et tomba à la renverse. On le croyait
perdu ; heureusement la chute a été amortie par
une circonstance toute providentielle. M. Auguste
Dumont en a été quitte pour quelques contusions
qui l'ont obligé à garder la chambre pendant plusieurs jours. L'artiste pourra prochainement reprendre ses travaux. »

Moins de deux semaines après le replacement
presque honteux du chef de la dynastie sur la colonne, le 13 novembre 1863, parut un décret relatif
à la réorganisation de l'École des beaux-arts, qui
jeta le désarroi dans le camp des artistes et frappa
Dumont dans ses plus chères convictions. Deux
causes, dont l'une essentiellement politique, avaient
présidé à cette réforme violente et injustifiable. La
constitution de l'École, s'administrant elle-même,
ayant à sa tête des professeurs issus de l'élection,
contrastait par son allure républicaine avec les
formes despotiques du gouvernement. Le ministère
ne se sentait pas assez le maître dans cet établisse-

ment aux rouages peu compliqués et aspirait à y établir la suprématie de ses bureaux. L'autre cause était
plus misérable encore, mais peut-être plus détermi-
nante. Des ambitions effrénées, que l'École n'avait
pas à satisfaire, s'ameutaient depuis longtemps, en
arrêt devant les portes inébranlablement closes.
Pour les assouvir, le pouvoir, qui n'en était pas à un
coup de force près, fit brutalement la trouée. La
chose n'alla pas sans bruit ni scandale. De toutes
parts surgirent les protestations[1] des professeurs de
l'École, de l'Académie des beaux-arts, de M. Ingres
individuellement, éloquentes et passionnées, faisant
justice de cette ridicule prétention « à se connaître
assez en art pour se croire plus artiste que les artistes eux-mêmes », enfin une dernière très signifi-
cative des élèves, « dont les rivalités d'école et de
goût se taisaient devant une rare unanimité ».

Le maréchal de France qui tenait les beaux-arts
sous son conmmandement, troublé et confus, se
reprocha d'avoir approuvé — c'était là toute sa part

----

1. Le nombre des articles de journaux, des brochures, des fac-
tums publiés sur cette question, est incalculable. En dresser la liste
complète serait une rude tâche de bibliographe.

du méfait — un acte qu'on lui avait représenté
comme réclamé par l'opinion générale. Le décret
toutefois ne fut pas rapporté. Il serait inopportun
d'examiner ici quelles en ont été les conséquences ;
il suffit de faire remarquer qu'en 1863 l'École fonc-
tionnait avec dix-neuf professeurs et qu'elle en con-
somme quarante actuellement. Le principal insti-
gateur de la révolution n'eut pas à se louer, en
définitive, des suites dont il avait cru bénéficier. Au
bout de deux ou trois leçons tumultueuses, M. Viol-
let-le-Duc se vit contraint de résigner les inutiles
fonctions de professeur d'histoire de l'art et d'esthé-
tique créées en sa faveur et confiées depuis à un
littérateur. L'hostilité des élèves le fit descendre de
la chaire où l'autorité qui l'y avait installé s'inquiéta
mollement de le maintenir, comme l'a constaté
Sainte-Beuve, non sans un retour mélancolique sur
sa propre mésaventure.

Un décret du mois de décembre de la même
année avait rattaché Dumont à la nouvelle organi-
sation, au titre de professeur, chef d'atelier. Il avait
protesté contre les mesures de l'administration, il
en blâmait le but et encore plus les moyens mis en

jeu pour l'atteindre ; son premier mouvement fut de
refuser tout concours, et il le fit dans les termes
suivants :

« Monsieur le ministre,

« Les professeurs de l'École impériale des beaux-
arts viennent d'adresser à l'empereur une protestation contre les mesures qui les ont frappés. Je
me suis associé à mes honorables collègues en
signant cette protestation. Je crois donc devoir me
démettre des fonctions auxquelles Votre Excellence
m'avait appelé par arrêté du 18 novembre.

« Veuillez, etc.

« 28 décembre 1863. »

Les démarches les plus honorables, des compensa-
tions obtenues pour les collègues sacrifiés, d'autres
motifs encore, qu'il n'appartient même pas à la
main la plus réservée de dévoiler, l'amenèrent à
reprendre sa démission, et il n'abandonna pas l'enseignement. La sympathie des jeunes gens accourus
en foule dans son atelier finit par apporter dans son
âme délicate l'oubli de déceptions amères et de
froissements pénibles.

Les derniers ouvrages de Dumont appartiennent
au genre décoratif, et je dirais plus particulièrement
à la sculpture historique, si l'expression était admise.
La plupart des villes, soucieuses d'honorer dignement les hommes célèbres nés dans leurs murs,
s'adressaient à celui qui avait accaparé, par le droit
du talent, la succession de David d'Angers. Tour à
tour, avec une puissance et une fécondité que l'âge
est impuissant à ralentir, il livre à notre admiration
le général *Carrera*, ancien président des États-Unis
de l'Amérique centrale, d'une élégance sans pareille
sous son dolman de hussard; le pape *Urbain V*,
empreint à la fois de majesté et d'onction; le duc
Decazes, largement drapé dans le manteau qui
étoffe la maigreur de l'habillement moderne; *Davout*, pensif, semblant méditer une grande opéra-
tion de guerre; puis l'*Architecture*, la *Sculpture*, la
Ville de Mézin, *couronnant le buste du général Tartas*. Les habitants de Mézin avaient voulu élever une
statue au plus renommé de leurs concitoyens; mais
le gouvernement refusa son approbation, et n'auto-
risa qu'un monument commémoratif. Quels regrets
pour ceux qui connaissent la première esquisse de

Dumont ! Elle est si alerte, si pleine d'entrain, si
débordante de verve ! Elle rend dans son impétuo-
sité le héros de Milianah, cet officier d'avant-
garde, sabreur à tour de bras, ce cavalier infatigable et gascon que « le soleil ne pouvait pas se
vanter d'avoir vu tomber de cheval » !

L'année 1870 était arrivée, l'année maudite. Dumont, qui avait vu, enfant, deux invasions, ne quitta
point Paris pendant la troisième. Son patriotisme
ressentit profondément les douleurs de la France
vaincue ; il se soumit à toutes les épreuves, à toutes
les privations de l'investissement. Le courage lui
manquait pour travailler. C'est le cœur dévoré d'an-
goisses qu'il essayait de retoucher le marbre de
Humboldt dans son atelier de l'Institut, au moment
où les barbares compatriotes « de ce demi-dieu de
la science, de ce roi de la véritable humanité »,
pointaient leurs canons contre le dôme du palais
affecté aux lettres, aux sciences et aux arts.

Après la guerre étrangère, la guerre civile, la
Commune, plus impitoyable encore pour lui que la
révolution de 1848. Il vit la *Vierge* de Notre-Dame-
de-Lorette mutilée, le *Napoléon* écrasé, le *Génie de*

la Liberté lui-même menacé et sauvé par miracle de la destruction. N'avait-il pas le pressentiment du sort qui lui était réservé, lorsque, à Noyon, parlant au nom de l'Académie des beaux-arts conviée à l'inauguration de la statue de Sarrazin, il disait, en mentionnant des ouvrages disparus : « Le temps les aurait respectés. La main des hommes les a détruits. Déplorable suite des révolutions dont la fureur insensée s'abat sur une toile ou sur un marbre ! »

A partir de 1871, le seul ouvrage sorti de son atelier est un *saint Philippe*, où se retrouve avec la même sûreté que dans les travaux de la jeunesse et de la maturité un talent qui ne connut ni défaillance ni déclin. Ce fut le couronnement d'une des carrières les plus longues et les mieux remplies qu'il ait été donné à un artiste de parcourir. Il avait refusé de se charger d'un des bas-reliefs qui décorent la façade de l'Opéra, mais avait accepté, sur les instances de l'architecte, d'exécuter pour l'intérieur une statue en marbre d'*Apollon* restée à l'état de projet. Renonçant à la production, il réserva au professorat son ardeur et ses forces. Six grands prix, tant en sculpture qu'en gravure en médailles, obtenus dans l'espace de six années, le récompensèrent de ses peines. En 1873, il avait été l'objet, de la part de ses élèves, d'une émouvante démonstration. Tous s'étaient réunis, les plus illustres et les derniers venus et non les moins chers, pour célébrer, dans un banquet, le cinquantième anniversaire de son départ pour Rome ; et, à cette occasion, ils lui offrirent une médaille où l'un d'eux, M. Ponscarme, avait, de sa main habile et exercée, reproduit le maître tel qu'il était encore à cet âge avancé, plein de vigueur et d'énergie [1].

Il allait bientôt recevoir les atteintes du temps, qui l'avait jusqu'alors épargné. Dans le courant de 1875, une attaque de paralysie mit sa vie en danger.

1. Les traits de Dumont ont été souvent reproduits. Voici l'énumération à peu près complète, en dehors des photographies, des portraits qui existent de lui : Portrait peint, par Pajou, 1817. — Portrait peint, par Dupuis, 1821. — Portrait peint, par Bouchot, 1825. — Portrait dessiné, par Duret, 1826. — Médaillon, par Desprez, 1827. — Portrait dessiné, par A. Debay, 1828. — Médaillon, par Gruyère, 1839. — Portrait peint, par Brascassat, 1850. — Portrait dessiné, par Marc, 1855. — Portrait dessiné, par Heim, 1857. — Médaillon en bronze, par Ponscarme, 1863. — Buste en terre cuite, par Perraud, 1872. — Médaille en bronze, par Ponscarme, 1872. — Buste en terre cuite, marbre, bronze, par J. Thomas, 1877. — Portrait peint, par Robert-Fleury, 1878.

Il se rétablit facilement, et l'on put espérer que, grâce à la puissance de sa constitution, le mal ne laisserait pas de traces. Mais des désordres s'étaient produits dans la région du cœur; peu à peu un affaiblissement contre lequel il lutta courageusement l'envahit; ses jambes refusèrent de le porter, et dès 1880 il fut condamné à garder la chambre. Sa dernière sortie eut lieu au mois d'août 1882 pour aller défendre, à la séance de l'Académie où se jugeaient les grands prix de sculpture, l'ouvrage remarquable d'un de ses élèves menacé, par un excès de sévérité, d'être exclu du concours. Les représentations les plus autorisées, les prières les plus instantes, n'eurent pas le pouvoir de le faire renoncer à une entreprise dont les suites causaient de si vives inquiétudes. Chez lui, dans toutes les circonstances, le devoir parlait le plus haut et était seul écouté. Fidèle aux règles qui avaient toujours dirigé ses actions, il se traîna jusqu'à l'École des beaux-arts, soutenu par des bras amis.

Les souffrances qui abattirent et torturèrent son corps respectèrent son intelligence; l'esprit demeura libre et sain. La netteté de son jugement, la lucidité de ses idées, la vivacité de ses souvenirs, émerveillaient les élèves, les amis, les confrères pressés autour de lui. Bien des affections et des dévouements l'entourèrent ; les plus douces consolations lui vinrent de l'aimable compagne tardivement associée à son existence et qui, séduite par la bonté de son âme et l'élévation de son talent, avait oublié la disproportion des âges. Ses soins délicats, sa tendresse attentive, sa vigilance poussée jusqu'au sacrifice, adoucirent et consolèrent les douleurs et les tristesses du crépuscule. Au commencement de janvier 1884, il reconnut que son état empirait et sentit que l'heure des séparations approchait. Il mourut dans la nuit du 27 au 28, à la suite d'une longue et déchirante agonie, entre les bras de sa femme bien-aimée, au milieu des amis qui remplissaient la première place dans ses affections. L'artiste qui avait créé la sublime figure de l'*Immortalité* ne croyait pas que l'homme eût pour destinée suprême de descendre tout entier dans la tombe : il eut la fin d'un chrétien. Ses funérailles furent célébrées le 30 janvier, en présence d'une foule nombreuse et affligée qui accompagna jusqu'au caveau du cimetière Montparnasse, où presque tous les siens l'avaient précédé [1], ce pieux et constant serviteur du beau et du bien.

Augustin Dumont, pour le peindre d'un seul coup de pinceau, est un sculpteur français. Il est incontestablement un fils de cette race au génie clair et réfléchi, originale quoiqu'elle se rattache à la tradition grecque et romaine. Héritier des maîtres immortels dont s'honore notre École, il tient d'eux la science de la composition, l'amour de la nature, le respect de la beauté, le culte de la noblesse et de la grandeur. L'austérité de son idéal n'a pas nui à la souplesse de son talent; car il a abordé toutes les matières, traité tous les genres, de manière à prouver qu'il possédait toutes les parties de son art et qu'il savait approprier son style au caractère des sujets comme aux exigences du goût moderne. Aucune tâche n'était au-dessus de ses efforts. Supé-

---

1. En 1886, ce modeste monument, dessiné par Vaudoyer, a été remplacé, à l'aide d'une souscription des confrères, des élèves et des amis du maître, par une construction plus imposante. Le beau buste de M. J. Thomas surmonte le nouveau monument, d'un style simple et élevé, du goût le plus pur, dû au talent de M. Léon Ginain.

rieur dans le nu, avec ses quatre figures d'étude,
l'*Amour tourmentant l'âme, Leucothée et Bacchus,*
le *Génie de la Liberté*, la *Jeune Femme au miroir*,
il a poussé jusqu'à la perfection l'art de draper et
d'ajuster; ses statues de la *Prudence,* de la *Vérité,*
de la *Vierge,* de *sainte Cécile,* du *Commerce,* de
Blanche de Castille, de *Napoléon* (il faudrait les
énumérer toutes), sont des modèles incomparables.
Il a excellé dans la restitution des personnages historiques : *François I*er, *Philippe-Auguste, saint
Louis, le Prince de Condé, Buffon, La Bourdonnais,
Bugeaud, Suchet, Davout, Eugène de Beauharnais,
Humboldt,* ont chacun l'expression qui leur est
propre, le trait qui les distingue et les fait reconnaître. Même lorsque le costume est semblable,
l'accent diffère, la personnalité se dégage. Est-il
possible de confondre *Davout,* dont le visage reflète
l'intrépidité calme et impassible au milieu du danger qui distinguait l'illustre tacticien, avec *Suchet*
dans son attitude journalière, portant haut la tête
d'un honnête homme et d'un vaillant soldat, ou ce
prince Eugène, type accompli de l'héroïsme et de
la fidélité? Le détail juste, l'accessoire caractéris-

tique, concourent à composer un ensemble idéal
qui réunit l'application des règles strictes de la
statuaire et l'individualité du portrait. La variété
de son œuvre éclate dans son envoi à l'Exposition de
1855, qui ne comptait cependant ni la *Vierge,* ni le
Commerce, ni le regrettable fronton de l'ancien pavillon Lesdiguières, où le poète le disputait au penseur.

Sévère pour lui-même, s'il se montrait indulgent
pour les autres dans ses appréciations toujours
équitables et modérées, il se contentait difficile-
ment, et ne se détachait d'un ouvrage que quand il
pouvait joindre à sa propre satisfaction celle des
juges éclairés qu'il se plaisait à consulter. Les suffrages de l'élite étaient les seuls qu'il ambitionnât,
dédaigneux de la popularité qui s'achète à vil prix
et que dispense le vulgaire. Il jouissait des honneurs
qui lui étaient venus de toutes parts et portait sa
haute situation avec une simplicité discrète et une
modestie sincère, qualités qui ne sont pas com-
munes chez les artistes ; je le surprends à l'observer
lui-même, en annonçant à un ami la mort de Pils :
« C'était un artiste simple et modeste, ce qui est
assez rare aujourd'hui. »

Le sentiment élevé qu'il avait de l'art et qui marque ses œuvres, il s'est efforcé de le transmettre à des générations de sculpteurs au cours d'un professorat de près d'un demi-siècle, pendant lequel ne se ralentirent jamais ni son dévouement ni son attachement à ses élèves, mettant à leur disposition, à toute heure, ses conseils, son temps, son crédit. Lui-même avait été un élève respectueux et reconnaissant. Jamais un anniversaire de fête, un renouvellement de l'année, ne se passèrent sans qu'il écrivît de Rome une lettre à Cartelier, ce maître auquel il devait si peu. Il méritait l'affection et l'estime qu'il inspirait et dont les preuves le touchaient particulièrement. Perraud lui écrivait de chez son père, dans le Jura, où il venait d'apprendre sa nomination de chevalier de la Légion d'honneur : « Je vous embrasse comme j'embrasse le vieux d'ici. » Ce même Perraud, si sensible quand il ne se raidissait pas contre sa vraie nature, terminait par cette phrase touchante une invitation au modeste repas qui suivit la cérémonie de son mariage : « Il me semble qu'il y manquerait l'élément du cœur, si celui auquel je suis redevable

de tout n'y présidait pas. » Dans le discours prononcé sur sa tombe au nom des élèves, M. Jules
Thomas a été l'interprète fidèle et ému des sentiments qu'ils éprouvaient pour Dumont : « Professeur d'une haute autorité, homme d'une droiture
antique, rien n'égalait la bonté de son cœur. Il était
pour nous d'une bienveillance inépuisable : toujours
prêt, même lorsque l'âge avait diminué ses forces,
à venir dans nos ateliers nous conseiller et nous
encourager ; ne se refusant jamais à une démarche
auprès des puissants, pour aider ceux qu'il considé-
rait comme ses enfants. Je puis donc le dire, c'est
plus qu'un maître, c'est un père que nous pleu-
rons. »

Conscience ! telle était la devise qu'il aurait pu
revendiquer. Elle le guida sans cesse et partout,
dans sa vie comme dans son art, à l'École des
beaux-arts comme à l'Académie[1], dont il était depuis

1. Les Académies les plus en renom des pays étrangers avaient
tenu à honneur de le compter parmi leurs membres. L'Académie
royale des beaux-arts d'Anvers, dont il était membre effectif, a
fait couler en bronze l'*Amour tourmentant l'âme* pour orner son
musée particulier, dans lequel elle a placé en même temps le
buste original en terre cuite du maître, par J. Thomas.

longtemps le doyen et où il avait eu la rare satisfaction de voir assis à ses côtés trois de ses élèves :
Perraud, un des grands noms de la sculpture française, MM. Bonnassieux et Jules Thomas. Profondément imbu de la pensée des législateurs qui avaient
fondé l'Institut « dans le but de perfectionner les
sciences et les arts », il estimait que la fraction du
corps illustre auquel il appartint durant quarante-
cinq ans avait une mission, celle de diriger le goût
public et de soutenir, par son influence et par l'autorité de ses travaux, l'art dans les régions supé-
rieures. Assidu aux séances, d'une scrupuleuse
exactitude aux jugements, il prenait une part no-
table à la préparation du Dictionnaire, et se mêlait
d'une manière circonspecte, sur les points qui étaient
de sa compétence, aux discussions générales, pour
lesquelles il rédigeait des notes où sa robuste raison
se répandait en vues justes et indiquait des solutions
applicables. Ses confrères l'honoraient et l'aimaient ;
la dignité de sa vie était un exemple[1] !

1. Son éloge a été prononcé à l'Académie des beaux-arts, dans
la séance solennelle du 31 octobre 1885, par M. le vicomte Henri
Delaborde, secrétaire perpétuel.

D'une sûreté à toute épreuve dans les relations, d'un commerce facile, il conservait néanmoins, même dans les cercles intimes et les milieux familiers, les habitudes sérieuses de son esprit. Son maintien grave, son visage sévère, imposaient un sentiment de réserve et de retenue à ceux qui l'abordaient pour la première fois ; mais ils ne tardaient pas à lui être entièrement acquis, en découvrant sous cet extérieur un peu rigide une âme tendre, un cœur aimant et débordant de bonté. Compatissant et généreux, il était toujours prêt à rendre service, et le nombre de ses obligés fut immense. C'est une maxime de Vauvenargues que le génie est formé « de plusieurs qualités, soit de l'esprit soit du cœur, qui sont inséparablement et intimement réunies ». En Dumont l'homme et l'artiste ont été à la même hauteur. « Chez lui, a écrit M. Guillaume en lui rendant en pleine Académie un second hommage, le caractère et le talent ne pouvaient se séparer. C'était un sculpteur de race et qui, de corps et d'esprit, semblait d'un seul jet. »

VI

DUMONT LE ROMAIN

1701-1781

Dans cette famille de sculpteurs un peintre s'est pourtant rencontré, Jacques, fils de Pierre, frère de François, né le 10 mai 1701 à Paris, sur la paroisse Saint-Nicolas des Champs. Le *Dictionnaire général des artistes* nous apprend qu'il prit les premières leçons de son art chez Antoine Lebel, paysagiste, devenu académicien en 1746, c'est-à-dire dix-neuf ans après son élève. C'est une assertion inexacte. Quand Dumont quitta le pays natal, son maître aurait eu une dizaine ou douzaine d'années. « Dans sa jeunesse, dit Mariette, son contemporain et son confrère, il alla ce qu'on appelle courir la Calabre (ou, dans un langage un peu moins pittoresque, battre la campagne), et, s'étant arrêté à Rome, il y étudia la peinture sous Benedetto Castiglione et y fit assez de progrès pour se faire distinguer lorsqu'il repassa en France, en 1725. » Mariette commet également une erreur, et plus grave, puisqu'il avait la ressource de se renseigner directement, en attribuant à Dumont, né au commencement du dix-huitième siècle, un maître qui avait cessé de vivre en 1690[1]. « Un peu avant que son frère mourût, ajoute le même auteur, il s'en fit reconnaître à peu près de la même manière que l'enfant prodigue lorsque celui-ci revint trouver son père. »

Parmi les travaux de la jeunesse de Dumont il faut signaler deux grands dessins datés de 1727, pour la suite de compositions sur le *Roman comique* de Scarron, que les graveurs Surugue père et fils avaient demandée à Pater[2]. La même année il présenta à l'Académie royale de peinture et de sculpture comme morceau de réception *Hercule et Omphale,* qui appartient à la ville de Tours. En 1731,

1. La date de la mort de Benedetto Castiglione n'est pas certaine. Les biographies varient entre 1670, 1685 et 1690.

2. L'éditeur Rouquette a reproduit, en 1883, ces compositions réduites par T. de Mare. Sur les seize, deux seulement sont de Dumont, la quatrième et la onzième.

il peignit une grande toile que le musée du Louvre,
qui n'en possédait aucune de lui, a acquise récemment : *Mme Mercier, nourrice de Louis XV, et sa
famille*[1]; il tenait lui-même à cette famille par sa
mère, Marie Mercier. C'est un ouvrage considérable,
ne comprenant pas moins de neuf figures, d'un dessin correct, d'un coloris vigoureux et qui fournit un
spécimen heureusement choisi de la manière de ce
peintre plus énergique que souple. Il est signé
« Jacques Dumont » ; ce ne fut que plus tard qu'il
fit suivre son nom de l'épithète habituelle : *le Romain,* pour se distinguer d'un autre peintre d'histoire également académicien, Jean-Joseph Dumons.
Le premier Salon où il paraisse est celui de 1737,
avec cinq morceaux de genres variés. En 1746, le
directeur général des bâtiments, Le Normand de
Tournehem, ouvrit un concours entre les principaux
peintres de l'Académie, Le Clerc, Restout, Galloche,

1. Ce tableau, acheté 8,500 francs le 18 avril 1888 à la salle des
ventes, était resté dans la famille Héron de Villefosse. La jeune
fille à genoux qui contemple le portrait du roi épousa M. Héron
de Courgy, receveur général des consignations du parlement de
Paris; son arrière-petit-fils est M. A. Héron de Villefosse, membre
de l'Académie des inscriptions et belles-lettres, conservateur de la
sculpture grecque et romaine au musée du Louvre.

Dumont le Romain, Collin de Vermont, Jeaurat,
Pierre Boucher, Natoire, Carle Van Loo et Cazes,
en leur commandant un tableau de la même dimension, mais dont le sujet était abandonné au choix de
l'artiste ; celui dont nous retraçons la biographie
exécuta un *Mutius Scévola* exposé au Salon de 1747.
Je laisse la parole à un contemporain, parce que sa
critique donne une idée assez vraie de la manière
de Dumont et accuse le goût qu'il montra toujours
pour un des procédés les plus difficiles de l'art, le
raccourci : « ... La figure (*Mutius*) est bien postée
pour faire valoir l'action. Le ciel brillant et coloré
vigoureusement la détache du fond. Quelque ex-
traordinaire que doive être l'attitude, dans une action si violente, on trouve que l'estomac s'élève
trop, et qu'il y a quelque chose dans le mouvement
qui n'est pas dans la nature. Le bras gauche sort entièrement du tableau. C'est un raccourci hardi et
qui n'a pu être imaginé que par un homme habile
dans son art... On a beaucoup plus loué le raccourci
du secrétaire de Porsenna, qui paraît mort sur les
marches du tribunal. Cette figure est parfaitement
belle..., mais ces fautes, à supposer que c'en soient,

sont légères et ne nuisent en rien à l'honneur que ce tableau doit lui faire. On peut dire que son pinceau n'avait encore rien produit d'aussi fort et d'aussi vigoureux [1]. »

Lorsque l'École royale des élèves protégés s'ouvrit, le 1er janvier 1749, Dumont, comme le plus ancien académicien, en fut nommé gouverneur. Il ne conserva ses fonctions que trois mois, donnant pour motif de sa retraite l'insuffisance de la dotation affectée à la nouvelle fondation. Dans le fond il servait la passion de l'Académie, hostile, comme on a pu le voir au chapitre consacré à Edme Dumont, à un établissement qui semblait porter préjudice à son enseignement. Jacques Dumont eut le tort de se prêter à une manœuvre dirigée contre le premier peintre du roi, allié à sa famille. Charles Coypel se vengea en galant homme : il fit accorder, le 23 mars 1749, au gouverneur démissionnaire une pension de six cents livres.

Dumont eut son succès le plus vif au Salon

---

1. L'abbé Le Blanc, *Lettre sur l'exposition des ouvrages de peinture, sculpture, etc., de l'année 1747, et en général sur l'utilité de ces sortes d'expositions,* à M. D. R.; Paris, 1747, in-12.

de 1761 avec le tableau allégorique que les échevins avaient commandé pour la grande salle de l'Hôtel de ville, où il retournera sans doute après bien des vicissitudes[1]. « Le ciel, dit le critique du *Mercure de France,* en est vigoureux (l'expression reparaît invariablement parce qu'elle est caractéristique) et suffirait pour annoncer M. Dumont le Romain. Dans cette allégorie ingénieuse tout est composé, pensé et dessiné avec sagesse ; le Génie de la France, qui, armé de son bouclier, paraît en l'air fondre sur la Discorde terrassée sous les pieds du Roi, est une figure imaginée heureusement et très savamment exécutée. » Diderot, qui donne du tableau une description très détaillée, résume son opinion par un trait décisif : « Il est peint avec hardiesse et force ; c'est certainement l'ouvrage d'un maître. »

Le nom de Dumont revient une autre fois sous la plume de Diderot, dans une lettre à Mlle Voland, à propos d'un de ces incidents de concours comme il s'en produit de temps en temps. En 1768 l'Académie avait adjugé le prix de sculpture à Moitte,

---

1. Il est en ce moment dans une des salles du pavillon de Flore.

tandis que Milot était le candidat des élèves. Le
désaccord se traduisit par des désordres; à leur
sortie de la salle du Louvre où les juges se réunis-
saient, ils furent « sifflés, honnis, bafoués ». La nuit
n'apaisa pas les mutins. « Les élèves indignés s'a-
meutèrent et concertèrent pour la première assemblée de l'Académie une nouvelle avanie. Ils s'infor-
mèrent exactement qui est-ce qui avait été pour
Milot et qui est-ce qui avait été pour Moitte. Ils
s'assemblèrent tous, le samedi suivant, sur la place
du Louvre avec tous les instruments d'un charivari
et bonne résolution de les employer; mais cette
résolution ne tint pas contre la crainte de la garde
et de la prison. Ils se contentèrent de former une
haie au milieu de laquelle tous leurs maîtres seraient forcés de passer. Boucher, Dumont, Van Loo
et quelques autres défenseurs du mérite se présentèrent les premiers, et les voilà entourés, accueillis,
embrassés et applaudis. Arrive M***. A peine est-il
engagé dans la file qu'on s'écrie : *Du dos!* qu'il se
fait un demi-tour et qu'on salue du derrière. Mêmes
honneurs à Cochin, mêmes honneurs à M. et à
Mme Vien, mêmes honneurs aux autres. » Les bas-

reliefs des concurrents ont été détruits, et il est impossible de décider aujourd'hui lequel eut raison du statuaire Pigalle, qui vota pour Moitte, ou du peintre Dumont, qui préféra Milot. Milot n'a guère émergé de l'obscurité. Moitte entra à l'Institut en 1795, dès la création.

Bien que Mariette se plaigne de la rareté des ouvrages de Jacques Dumont et l'accuse « d'avoir été retenu par le peu de goût qu'il avait pour le travail », il a cependant largement produit. Sa part aux Salons de 1737[1], 1742, 1743, 1748, 1750, 1751, 1761, où il s'est exercé dans les sujets religieux, mythologiques, historiques, dans le genre même, n'est pas celle d'un paresseux. Plusieurs édifices

---

1. A ce Salon figurait le *Baptême de Jésus-Christ par saint Jean*, dont nous pouvons suivre la destinée jusqu'en 1795. On a inséré dans le tome II des *Archives du musée des monuments français* (*Inventaire général des richesses d'art de la France*) les documents suivants :

« Paris, 6 ventôse an III de la République.

« Le comité civil de la section du faubourg du Nord au citoyen Moreaux, membre de la commission des monuments :

« Citoyen,

« Nous vous faisons part qu'il y a un tableau dans la ci-devant église Saint-Laurent, le *Baptême de saint Jean,* peint par

montraient encore de ses tableaux, l'Hôtel de ville,
la Chambre des comptes, les églises des Capucins,
des Minimes, des Chartreux, le château de Choisy.
En dehors de ceux que nous connaissons, deux à
Paris et un à Tours, que sont devenus les ouvrages
de Dumont? La *Vocation de saint Pierre* et la *Présentation de saint François de Paule à Louis XI*,
enlevées pendant la période révolutionnaire, l'une
aux Chartreux, l'autre aux Minimes, étaient com-
prises en 1795 dans un *état des tableaux qui ne
tiennent pas à la collection des monuments français
et qui se trouvent déposés provisoirement dans le
Musée de la rue des Petits-Augustins*. A la date du
8 nivôse an VI (1797), la *Vocation de saint Pierre*

Dumont le Romain en 1735, et que, comme on fait la vente de tous
les objets relatifs à ladite église, nous vous invitons à venir visiter
ce qu'il serait convenable de conserver comme chose précieuse.

« Salut et fraternité.
                    « *Signé :* MILHOMME et MOUCHY. »

« Le tableau ci-dessus a été vendu, ainsi que la bordure, par le
commissaire aux domaines nationaux.
                    « *Signé :* DUCHOSAL.

    « Ventôse an III (5 mars 1793). »

« Ce tableau a été, dit-on, vendu 120 francs au citoyen Rockmann
qui l'a revendu au citoyen Gohin, rue Jean, fabricant de couleurs,
400 francs. »

entrait au dépôt de la rue de Beaune (hôtel de Nesle),
qui recevait les objets d'art destinés à être vendus.

Il mourut le 17 mai 1781. On ne lui contestait pas
du sens, et il se piquait d'équité et de sentiments
religieux ; mais son caractère intraitable, sauvage
même, le rendit d'un commerce difficile. Les deux
frères ne se ressemblaient pas. Le rédacteur des
*Mémoires secrets pour servir à l'histoire de la répu-
blique des lettres* a tracé de l'homme et de l'artiste
un portrait qui ne fait pas disparate avec les autres
témoignages recueillis çà et là [1] : « L'Académie
royale de peinture et de sculpture a perdu depuis
quelque temps deux sujets qu'elle regrette... Le second artiste mérite plus de détails. C'est M. Dumont
le Romain, reçu en 1728 ; il est mort octogénaire.
La nature l'avait doué d'un physique et d'un caractère pleins de force et d'énergie. Il se jeta avec em-
portement vers la peinture, et, curieux de se former

1. Un artiste dont le nom n'a pas percé écrivait à Jacques-
Edme Dumont, à Rome : « Qu'à votre retour vous soyez surnommé
Dumont le Romain, non comme votre grand-oncle, dont l'humeur
sauvage et mélancolique avait fait un ours illéchable. » Voici
pourtant une autre citation qui fait contre-partie : Wille raconte,
dans son journal, qu'au cours de ses visites aux officiers de l'Académie, il fut reçu par Dumont « avec beaucoup d'amitié ».

sur les grands modèles de l'Italie, il entreprit le
voyage à pied et sans argent. Son enthousiasme lui
fit surmonter tous les obstacles, et ses talents lui va-
lurent à son retour son admission à l'Académie. C'est
cette époque de sa vie qui lui a fait donner le sur-
nom de *le Romain*. La vigueur de son âme passant
dans son pinceau le rendait souvent dur ; il était
tranchant dans son coloris, qui manquait de l'harmonie si admirable chez les grands maîtres. Il se
plaisait à présenter dans ses tableaux beaucoup
de parties en raccourci, ce que l'on évite le plus
possible, parce que ces tours de force sont rarement heureux et nuisent toujours aux grâces d'un
ouvrage. Un des beaux de M. Dumont est dans
les Chartreux (*Saint Jacques et saint Jean avec Zébédée raccommodant leurs filets*). On reproche surtout à cet artiste de s'être arrêté trop tôt, d'avoir
négligé de perfectionner de plus en plus son talent
par une étude constante de la nature. Il paraît que
son amour-propre l'a aveuglé et le rendait intraitable avec ses confrères; il repoussait tout le monde.
Il portait ce défaut jusque dans la société, en sorte
que, malgré les qualités les plus essentielles, il était

sans amis (*Servandoni l'avait cependant choisi comme parrain d'un de ses enfants*), et n'a pu se flatter de voir pleurer sa mort par personne. »

Malgré son manque d'aménité, ses confrères ne lui tinrent pas rigueur et lui décernèrent tous les grades et honneurs académiques. Il avait été nommé adjoint à professeur le 31 décembre 1733, professeur le 7 juillet 1736, recteur le 29 juillet 1752, directeur honoraire le 25 juin 1763, chancelier le 30 janvier 1768. L'inquiétude de son esprit se manifesta jusque dans les actes les plus vulgaires de la vie : quoiqu'il n'eût pas quitté Paris depuis son retour d'Italie, il est permis de le classer au nombre des voyageurs les plus infatigables, car de 1731 à 1781 il déménagea quatorze fois ; il ne put même pas se fixer au Louvre, où un appartement lui avait été accordé en 1764.

Ses traits ont été reproduits par plusieurs artistes, La Tour, Roslin (les deux portraits sont au Musée), et Saint-Aubin d'après un dessin de Cochin le fils.

CATALOGUE

DES OUVRAGES DES DUMONT

PIERRE DUMONT

1700-1710. *Pilate se lavant les mains.*

Bas-relief en marbre. (Chapelle du château de Versailles.)

FRANÇOIS DUMONT

1712. *Titan foudroyé.*

Statue en marbre. (Musée du Louvre.)

1723. *Saint Pierre.*
Saint Paul.
Saint Jean.
Saint Joseph.

Statues en pierre. (Église Saint-Sulpice, portails latéraux.)

EXTRAIT DE L'INVENTAIRE
Dressé après le décès de François Dumont.

« Les quatre modèles de *saint Pierre, saint Paul, saint Jean* et *saint Joseph,* de terre cuite.

« Deux *Sphynx* de terre cuite.

« Un *Prométhée* de plâtre bronzé.

« Six bustes de *Faunes* et de *Bacchantes.*

« Trois figures de *Prométhée,* en plâtre, non montées.

« Le torse de *Vénus.*

« Deux modèles d'*Apollon* et de *Diane,* de terre cuite.

« Douze *enfants,* de plâtre. »

EDME DUMONT

1749. *Céphale* qui contemple le présent que *Procris* vient
de lui donner.

Figure en plâtre. (Salon de 1753.)

1750. *Polyphème* voulant écraser *Acis* aimé de *Galathée*.

Figure en plâtre. (Salon de 1753.)

1751. *Milon de Crotone*.

Figure en plâtre. (Salon de 1753. — Musée de Semur.)

1752. Portrait en buste de M. *X****.

(Salon de 1753.)

1753. Bas-relief pour un fronton où l'on voit le buste du
Roi soutenu par *Minerve* et la *France* appuyée
sur son bouclier, qui présente des *Richesses* au
Prince et semble l'inviter à les répandre sur des
Génies occupés à la *Peinture,* à la *Sculpture* et à
la *Chimie ;* travaux relatifs à la maison royale de
porcelaine de Sèvres, où doit être exécuté ce morceau.

Plâtre. (Salon de 1755.)

1761. Le modèle d'un fronton où sont représentées les armes
du *Roi ;* des enfants entourent d'une guirlande de
fleurs le cartel qui les renferme ; aux deux côtés,
la *Peinture* et la *Sculpture*.

Pierre. (Façade de l'ancienne manufacture de Sèvres.)

1769. *Milon de Crotone* essaye ses forces en ouvrant un tronc d'arbre que des bûcherons avaient entamé avec un coin.

Marbre. (*Salon de 1769.* — Musée du Louvre.)

1770. La *Chimie* ou l'*Expérience*, l'*Étude* ou la *Vigilance*, toutes deux assises aux côtés d'un cadran ; aux pieds desdites figures et dans les angles du tympan, les attributs qui caractérisent le travail de la monnaie.

Fronton en pierre. (Hôtel des monnaies.)

1771. *Diane*, conduite par l'*Amour*, contemple le berger *Endymion* pendant son sommeil.

Groupe en plâtre.

JACQUES-EDME DUMONT

1783. La découverte des deux corps de *saint Gervais* et de *saint Protais*.

Bas-relief en marbre. (Cathédrale de Séez.)

1785. La *Vierge* et l'enfant *Jésus*.

Groupe en plâtre. (Un exemplaire au musée de Lons-le-Saulnier.)

1786. Buste de M. d'*Hauteville*.

1787. La *Charité*.

Groupe en bois doré. (Chaire de l'église Saint-Sulpice.)

1788. Mort de *Tarquin*.

Bas-relief en plâtre.

1789-1792. *Pâris* tirant de l'arc.

— Groupe d'*Hercule* jetant *Hylas* à la mer.

1789-1792. Groupe de *Coriolan* et de sa famille.

— *Méléagre.*

> Bas-relief en plâtre. (Musée de Semur.)

— *Oiseau percé d'une flèche.*

> Bas-relief en plâtre. (Musée de Semur.)

— *Ariane.*

> Réduction en marbre d'après l'antique.
> Id. en bronze. (Chez M. Bouguereau.)

— *Le Thière.*

> Médaillon en cire rouge. (Chez Mme A. Dumont.)

— Mme *Soria.*

> Médaillon en cire rouge. (Chez M^{mo} A. Dumont.)
> Reproduction en bronze. (Département des médailles à la Bibliothèque nationale.)

— Le contre-amiral *Latouche Tréville.*

> Médaillon en cire rouge. (Chez Mme A. Dumont.)
> Reproduction en bronze. (Département des médailles à la Bibliothèque nationale.)

1793. *Louis David.*

> Médaillon reproduit dans l'ouvrage de M. Jules David sur son grand-père.

An IV. La *Liberté* présentant les droits de l'homme.
(Salon.)   Plâtre.

— Le *Peuple français* terrassant le monstre ennemi de ses droits et de sa liberté.

> Plâtre.

— Le *Peuple français* vainqueur présente la *Liberté* et l'*Égalité.*

> Plâtre.

— *Mutius Scévola* se brûlant le poing.

> Terre cuite.

An IV. *Paul et Virginie* surpris par le mauvais temps s'en
(Salon.)   retournent à leur maison couverts de la jupe de
          Virginie.

. Terre cuite. (Musée de Semur.)

— *Émile et Sophie;* l'instant est celui où Émile, ayant
  proposé une course à Sophie dont un gâteau était le
  but et le prix, la laisse partir la première, l'atteint,
  l'enlève, achève ainsi la course, lui fait toucher le
  but et crie victoire !

Terre cuite. (Musée de Semur.)

An V. *Première image de la mort,* sujet tiré du poème de
(Salon.)   Gessner.

Terre cuite. (Galerie de la duchesse de Galliera.)
Bronze. (Chez Mme A. Dumont.)

— *Une Femme sortant du bain, se pressant les cheveux.*
Terre cuite.

— Buste de femme.
Bronze. (Musée du Louvre.)

An VI. Le berger *Céphale.*
(Salon.)   Terre cuite.

— Le *Temps* fixant l'*Amour.*
Groupe terre cuite. (Chez M. G. Vattier.)

An VII. Deux petites figures, l'une de femme, l'autre de
(Salon.)   jeune homme, couchées sur des lits et tenant des
          couronnes.
Terre cuite. (Chez M. L. Ginain.)

— Buste de la citoyenne *Dumont.*
Plâtre. (Musée du Louvre.)

An VIII. La *Liberté*. Elle tient d'une main pour attribut une
(Salon.)   pique surmontée d'un bonnet, emblème de la liberté
            conquise par la valeur ; de l'autre, elle s'appuie sur
            une petite statue de Minerve, symbole des vertus et
            de la sagesse.

Plâtre.

An IX. Buste du général *Marceau*.
(Salon.)   Marbre. (Détruit dans l'incendie des Tuileries, 1871.)
           Terre cuite. (Musée du Louvre.)

An X. *Louis d'Outre-Mer*.

Statue en pierre. (Église canoniale de Saint-Denis.)

An XI. Buste du général *Causse*.

Marbre. (Détruit dans l'incendie des Tuileries.)

An XII. *Marceau*.

Esquisse en terre cuite de la statue destinée au palais du
Luxembourg. (Chez le commandant Dumont.)

An XIII. La *Seine* et la *Marne*.
La *Bienfaisance*.
Les trois *Grâces*, groupe.

Terres cuites fondues en argent. (Le modèle du groupe chez
M. G. Vattier.)

1806. Bas-relief.

Bronze. (Colonne Vendôme.)

—   L'*Amour* sur un char traîné par des papillons.

Médaillon en cire rose.
Reproduction en bronze. (Département des médailles à la
Bibliothèque nationale.)

1807. Un *Sapeur*. (Arme du génie.)

Marbre. (Arc de triomphe du Carrousel.) Moulé par les soins
de l'administration des beaux-arts et exposé dans les salles
du Centenaire, 1889.

1807. La *Clémence* et la *Valeur*.

> Bas-relief en pierre. (Arc de triomphe du Carrousel.)

1808. *Colbert*.

(Salon.)   Statue en pierre. (Perron du palais du Corps législatif.)

— Buste du sénateur d'*Arçon*.

> Marbre. (Palais du Luxembourg.)

— Buste du docteur *Bourru,* titulaire honoraire de la
Société académique de Paris.

> Plâtre. (Musée de Semur.)

1812. *Vulcain* entouré des armes qu'il fabrique pour les
(Salon.)   dieux.

— L'*Histoire* avec les attributs de la guerre, des sciences
et des arts.

> Bas-relief en pierre. (Palais du Louvre, escalier du Musée.)

— Buste du sénateur *Journu-Auber,* comte de *Tustal*.

— Buste du général *Boudet*.

> Marbre. (Détruit dans l'incendie des Tuileries.)

1813. Le *Danube,* le *Rhin,* le *Tibre.*

> Terres cuites. (Manufacture de Sèvres.)

1815. La *Justice*.

(Salon.)   Statue en pierre. (Détruite avec le palais du Temple.)

1817. Bas-relief pour le tombeau de Mme *Campan*.

1819. *Malesherbes.*

> Statue en marbre. (Palais de justice.)

1820. Buste de *Malesherbes*.

> (Commune de Malesherbes.)

1823. La *Tragédie* et la *Comédie*.

> Bas-relief en pierre. (Palais du Louvre ; œil-de-bœuf du vesti-
> bule de Saint-Germain-l'Auxerrois.)

1824. Le général *Pichegru.*

>   Statue en marbre. (Détruite à Lons-le-Saulnier en 1830.)

Il a été impossible de donner le catalogue complet des statuettes, médaillons, bas-reliefs décoratifs qui composent une
grande partie de l'œuvre de Jacques-Edme Dumont.

AUGUSTIN DUMONT

1819. *Mlle L. Dumont* (Mme Farrenc).

>   Buste en plâtre. (Chez Mlle Dumont.)

1820. *J.-E. Dumont.*

>   Buste en bronze. (Chez Mme Dumont.)

1823. *Évandre pleurant sur le corps de son fils Pallas.*

>   Bas-relief en plâtre. (École des beaux-arts.)

1825. *Faune flûteur.*

>   Copie en marbre d'après l'antique.

— *Jeune fille romaine.*

>   Buste en plâtre.
>   Reproduction en marbre, 1844. (Palais grand-ducal, à Weimar.)
>   Reproduction en marbre, 1860. (Chez M. le comte Marescalchi.)
>   Reproduction en marbre, 1863. (Musée du Luxembourg.)

— *Dame romaine.*

>   Buste en plâtre.

1826. *Alexandre étudiant pendant la nuit.*

>   Bas-relief en plâtre. (Musée de Saint-Omer.)

1827. *L'Amour tourmentant l'âme.*

Statue en marbre. (Musée d'Amiens.)
Reproduction en bronze, 1832. (Chez M. Rambourg.)
Reproduction en bronze, 1880. (Musée d'Anvers.)
Réduction en bronze, 1884. (Thiébaut.)

1828. *Leucothée et Bacchus.*

Groupe en marbre. (Musée de Grenoble.)
Id. (Galerie de la duchesse de Galliera.)

1830. *Pierre Guérin.*

Buste en marbre. (Villa Médicis, Rome.)
Id. (Église Saint-Louis des Français, Rome.)
Id. (Palais du Louvre.)
Id. (Palais de l'Institut.)

1831. *Napoléon Ier.*

(En collaboration avec Duret.)
Petit modèle en plâtre. (Musée de Semur.)

1832. *La Justice.*

Statue en marbre. (Chambre des députés.)

— *La Sagesse.*

Bas-relief en marbre.
(Monument de Cartelier. Cimetière de l'Est.)

— *Dupré, graveur général des Monnaies.*

Buste en bronze. (Musée de Saint-Étienne.)

1835. *Nicolas Poussin.*

Statue en marbre. (Palais de l'Institut.)

1836. *Le Génie de la Liberté.*

Statue colossale en bronze. (Colonne de la Bastille.)
Statue de grandeur naturelle en bronze. (Château de la duchesse de Sutherland, en Écosse.) 1838.
Statue de grandeur naturelle en bronze. (Musée du Louvre.)

1837. *François Ier.*

Statue en marbre. (Musée de Versailles.)

1838. *Louis-Philippe.*

Statue en marbre. (Musée de Versailles.)

— *Louis-Philippe.*

Buste colossal, en marbre.

— *Van-Praët.*

Buste en marbre. (Bibliothèque nationale.)

— *La Vierge.*

Statue en marbre. (Église Saint-Leu.)
Id. (Église Notre-Dame-de-Lorette.) 1872.

1839. *Le maréchal d'Aumont.*

Buste en plâtre. (Musée de Versailles.)

1840. *Collot,* ancien directeur des Monnaies.

Buste en marbre. (Musée de Montpellier.)

— *Sainte Cécile.*

Statue en pierre. (Église de la Madeleine.)

1841. *Adolphe Nourrit.*

Médaillon en marbre. (Cimetière du Nord.)

1842. *Saint Louis.*

Statue en marbre. (Palais du Luxembourg.)

1843. *Madame Élisabeth.*

Buste en plâtre. (Musée de Versailles.)

— *Philippe-Auguste.*

Statue en bronze. (Place du Trône.)

— *Étude de jeune femme.*

Statue en marbre. (Musée du Luxembourg.)
Reproduction en bronze. (Palais de la Légion d'honneur.)

1846. *M^mo Paul Delaroche.*

Médaillon en marbre. (Cimetière du Nord.)

— *Louis Ier de Bourbon, prince de Condé.*

Statue en plâtre. (Musée de Versailles.)

1847. *La Muse de l'Harmonie couronnant le buste de Chéru-*
bini.

Bas-relief en marbre. (Cimetière de l'Est.)

— *Général de Candras.*

Buste en plâtre. (Musée de Versailles.)

1848. *Blanche de Castille.*

Statue en marbre. (Jardin du Luxembourg.)

1850. *Le maréchal Bugeaud.*

Statue en marbre. (Musée de Versailles.)
Statue en bronze. (Alger.)
Id. (Périgueux.)

1851. *Le prince de Joinville au tombeau de Napoléon à*
Sainte-Hélène.

Bas-relief en marbre. (Enlevé des Invalides sous le second
empire. Au dépôt des marbres du gouvernement.)

— *Buffon.*

Statue en bronze. (A Montbard.)

1852. *Le Commerce.*

Statue en pierre. (Palais de la Bourse.)

1853. *Mme la duchesse de Galliera.*

(Buste en marbre.)

1855. *Décoration du pavillon Lesdiguières.*

(En pierre.)
La Gloire et l'Immortalité (fronton).

16

La France (statue assise).
La Paix et la Guerre (trophées).
(Ouvrage détruit.)

1856. *Suchet, duc d'Albuféra.*
Statue en marbre. (Musée de Versailles.)
Statue en bronze. (A Lyon.)

1858. *Gerdy, professeur à la faculté de médecine de Paris.*
Buste en marbre. (Musée de Troyes.)
Reproduction en bronze. (Faculté de médecine.)
Reproduction en bronze. (Académie de médecine.)

— *Le prince Charles Bonaparte.*
Médaillon en plâtre pour la médaille exécutée par M. Pons-carme.

1859. *Mahé de La Bourdonnais.*
Statue en bronze. (Ile Maurice.)

— *Marquis de Pastoret, grand chancelier de la Chambre des Pairs.*
Buste en marbre. (Palais du Luxembourg.)

1860. *Ducis.*
Buste en marbre. (Palais de l'Institut.)

1862. *Le général Carrera.*
Statue en bronze. (A Santiago, Chili.)

1863. *Napoléon Ier.*
Statue colossale en bronze. (Colonne Vendôme.)

1864. *Le prince Eugène de Beauharnais.*
Statue en bronze. (Hôtel des Invalides.)

1865. *La Prudence. La Vérité.*
Statues en pierre. (Palais de Justice. Nouvelle façade.)

— *Le marquis de Brignole.*
Buste en marbre.

1866. *Le duc Decazes.*

Statue en bronze. (Decazeville, Aveyron.)

— *Le maréchal Davout.*

Statue en bronze. (A Auxerre.)

— *A. Lenoir, fondateur du musée des Petits-Augustins.*

Buste en marbre. (École des beaux-arts.)

1867. *A. Labrouste,* directeur de Sainte-Barbe.

Buste en marbre. (A Sainte-Barbe des Champs, Fontenay-aux-Roses.) Mutilé par les Prussiens en 1870.

— *Le pape Urbain V.*

Statue en bronze. (Mende.)

1868. *L'Adoration de la Croix.*

Bas-relief en marbre. (Monument funéraire du marquis de Brignole. Voltri, Italie.)

— *Lebas.*

Buste en marbre. (École des beaux-arts.)

1869. *La ville de Mézin offrant une couronne au général Tartas.*

Monument en bronze. (Mézin, Lot-et-Garonne.)

— *Agathon Prévost.*

Médaillon en marbre. (Hôtel de la caisse d'épargne.)

— *L'Architecture. La Sculpture.*

Statues en pierre. (Palais du Louvre.)

— *Lebas.*

Médaillon en marbre. (Cimetière du Sud.)

1871. *Humboldt.*

Statue en marbre. (Musée de Versailles.)

1878. *Saint Philippe.*

> Statue en marbre. (Chapelle de l'Orphelinat Saint-Philippe
> à Fleury-Meudon.)

Un grand nombre de bustes de particuliers.

La plupart des modèles de Dumont sont conservés au
Musée de Semur (Côte-d'Or), inauguré en 1865 par M. Bruzard,
maire de la ville.

DUMONT LE ROMAIN

1727. Deux compositions pour le *Roman comique.*

> Dessins gravés par Surugue père.

1728. *Hercule et Omphale.*

> Tableau gravé par Miger. (Musée de Tours.

1731. *Mme Mercier,* nourrice de Louis XV, et sa famille.

> (Musée du Louvre.)
> Le même tableau de plus petite dimension. (Chez le général
> de Cauvigny à Caen.)

1737. *Saint François* prêchant devant le soudan d'Égypte.
(Salon.)   (Était, avant 1789, dans l'église des Capucins.)

— *Le Baptême de Jésus-Christ par saint Jean.*
— *L'Éducation de l'Amour.*
— *Rébecca donnant à boire à Éliézer.*
— *Joseph avec la femme de Putiphar.*

1738. *Saint Philippe baptisant l'eunuque de la reine de*
(Salon.)   *Candace.*

1738. *Les Pèlerins d'Emmaüs,* imitation de Rembrandt.
(Salon.) *Un Christ.*

> (Décorait avant 1789 une salle de la Chambre des comptes.)

1743. *Repos de Diane.*
(Salon.) Suite du même sujet.

> (Pour le cabinet du roi à Choisy.)

1747. *Mutius Scévola* ayant tué le secrétaire de Porsenna,
(Salon.)   qu'il croyait être Porsenna lui-même, outré de cette
méprise, l'avoue avec fierté à ce roi des Toscans et,
sans attendre sa réponse, se juge et se punit en se
brûlant le poing.

1748. *La Décollation de saint Jean.*
(Salon.) *Saint Mathieu* écrivant son Évangile.

— *Une Savoyarde.*

> Gravure à l'eau-forte par Dumont, retouchée au burin par
> Daullé.

— *Un montagnard.*

> Gravure à l'eau-forte par Dumont, retouchée au burin par
> Daullé.

— *Un Repos en Égypte.*
— *Saint Jean prêchant au désert.*
— *Une fileuse et son enfant.*

1750. *Saint Sébastien.*
(Salon.) *La Santé* tenant un coq de la main droite, et de la gauche un bâton où s'enroule un serpent.

> (Iconologie de M. Ripa.)

1751. *Atalante et Méléagre.*

1761. *La Publication de la Paix* en 1749, tableau allégorique.

> (Pavillon de Flore.)

— *Lyncus voulant assassiner Triptolème.*

> Gravé par Jérôme Danzel.

1761. *Adam et Ève.*

> (Cette toile, détendue et roulée, se trouverait dans le grenier de l'École des beaux-arts.)

— *Saint Jacques et saint Jean avec Zébédée, leur père, raccommodant leurs filets.*

> (Était avant 1789 dans l'église des Chartreux.)

— *La Vocation de saint Pierre.*

> (Avant 1789 dans l'église des Chartreux; comprise en 1795 dans un état de tableaux déposés au Musée des monuments français des Petits-Augustins.)

— *Présentation de saint François de Paule à Louis XI.*

> (Avant 1789 dans l'église des Minimes; comprise dans l'état déjà indiqué et remise, le 28 décembre 1797 (8 nivôse an VI), par Lenoir, conservateur du Musée des monuments français, à Naigeon, conservateur du dépôt de la rue de Beaune.

— *Homme assis sur une chaise, l'épée au côté.*

— *Femme assise.*

> Dessins à la sanguine. (Musée de Rennes.)

TABLE

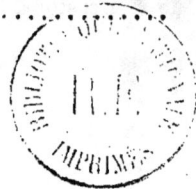

SOCIÉTÉ ANONYME D'IMPRIMERIE DE VILLEFRANCHE-DE-ROUERGUE
Jules Bardoux, Directeur.

SOCIÉTÉ ANONYME D'IMPRIMERIE DE VILLEFRANCHE-DE-ROUERGUE
Jules Barroux, Directeur.

www.ingramcontent.com/pod-product-compliance
Lightning Source LLC
Chambersburg PA
CBHW070806270326
41927CB00010B/2312